プチ鹿島

半信半疑のリテラシー

扶桑社

もくじ

はじめに……007

◆第1章　オリンピックとおじさん新聞……013
・2021東京五輪報道の中で見つけた「おじさんと新聞」のアップデート……014
・2024パリ五輪報道でもっともマヌケだった記事は？……023
・選手の喫煙・飲酒騒動で再燃した「感動をありがとう」問題……032

◆第2章　混迷する〝安倍スタジアム〟……039
・安倍政権下で変節したメディア……040

・産経VS朝日に参戦した安倍元首相の〝やらかし〟ツイート……044
・安倍元首相の国葬は党・内閣の合同葬でよかった……051
・コントラスト強めなスポーツ紙の国葬報道で辛辣だったのは？……062

◆第3章　今、地方がおもしろい！……069
・私が地元紙も読む理由……070
・自民党平井氏の〝税優遇リスト〟を報じない四国新聞社の驚きの言い分……078
・山梨県による「異例の忖度」騒動の顛末は？……087
・新聞探偵が追う「テレビ山梨VS長崎知事」の本当の構図……094

◆第4章　ジャニーズ問題とメディアの沈黙……103
・事務所の感覚の古さと、新聞報道の他人事感……104
・新聞各紙は「マスメディアの沈黙」をどう報じたか……111
・2度目の会見から透けて見えた事務所の老獪さ……119
・ジャニーズ報道検証で「天声人語」筆者の〝言い訳〟にあ然……125

◆第5章　スポーツとオヤジジャーナルの関係……131
・夕刊紙&タブロイド紙の大好物は「人事」「熱愛」……132
・中日「令和の米騒動」に感じた立浪監督の苦悩……139
・大谷翔平が凄すぎて直面している「ある問題」……151
・「元通訳のギャンブル問題」を各紙はどう報じたか？……158

◆第6章　猟犬としての文春と松本人志論……165
・「下世話」が「王道」を超えてしまう強烈な違和感……166
・「松本人志報道」と「過去の自分が殺しにくる」問題……173
・「文春はデマ・捏造」という浅い〝マスゴミ論〟に要注意……181
・「シラフ」にこだわる松本人志のドーピング論……186

◆第7章　ネットニュースとコタツ記事……193
・スポーツ新聞が量産する「コタツ記事」書き手の正体は…？……194
・過激なネットニュースの作り方を身をもって体験……201

・誤解を生むネットニュースが生まれるからくりを見た……211

◆第8章　どうした朝日新聞……219
・赤報隊事件と旧統一教会の驚くべき関連とは……220
・朝日新聞への絶望と、地方紙の果たす役割……229
・読者を小馬鹿にする朝日新聞の冷笑主義……238

おわりに……248

はじめに

私は新聞14紙を購読して読み比べをしたり、雑誌や週刊誌を読むのが好きです。リテラシーが高いですね、と取材などで言われることもあるし、オールドメディアなんか読んでいる時点でダメだ、とSNSで言われることもあります。

正直どちらも困惑します。自分はただの野次馬と自負しているからです。

下世話な例をあげましょう。学校や会社で「誰と誰がつきあっている」と噂がたち、本人たちが何も言わなければ実際のところを知りたくなる。

その場合、誰か1人だけに聞いて終わりにするだろうか？　いろんな人に聞いてすり合わせをしないだろうか？

ただ、よく知らない人の話は判断に迷うので、性格やキャラを知っている人の話を重視する。そこには「適当な情報をつかまされたくない」という警戒心やズルさもある。

私はニュースについても同じことをしているつもりです。すり合わせて慎重に考えたいのだ。〝よく知らない人の話〟はできるだけ避け、子どもの頃からなじみがある新聞などのメディアを利用している。

最近はネットで罵声を浴びることが多い既存メディアですが、取材をして裏付けをとる訓練を伝統にしている組織「オールドメディア」は、まだまだ利用できる価値があると考えています。

しかし、そんな私だからこそ既存メディアには思うところがある。報道とは?と感じることもある。


最近の各媒体をすり合わせた具体例をあげましょう。自民党の「裏金」問題がニュースの大きなトピックになっていました。すると、2024年度の新聞協会賞に、朝日新聞社の「自民党派閥の裏金問題をめぐる一連のスクープと関連報道」が選ばれた。


しかし、裏金報道は朝日新聞が最初ではない。政治資金の過小申告疑惑は「しんぶん赤旗」日曜版の2022年11月のスクープだった。

これを重大だと考えた神戸学院大の上脇博之教授は、自民党5派閥の政治団体の収入明細を検証。さらに多くの不記載を見つけ、東京地検に告発したのである。

そのあと私が「おや……?」と思ったのが、2023年11月頭に出た会員制情報誌「選択」だった。『岸田自民に「カネの大醜聞」』と報じていたのだ。

当初、赤旗や上脇教授が指摘した案件についてタカをくっていた自民党が、検察の事情聴取の内容で今回はマズいと感じた、党内では解散総選挙に突入すれば検察の動きは止まるという意見が出ている、という内容だった。

はぁ、こんな動きがあるのかとひそかに注目していたら、2週間後にNHKが『自民5派閥の団体 約4000万収入不記載で告発 特捜部が任意聴取』(11月18日)と報じた。ついにこの問題が広く世に出たぁ、というのが私の認識であり時系列なのだった。

ついでに言うと、翌週のBSフジの番組で政治ジャーナリストの田崎史郎氏は、この問題はパーティー券を売るノルマをこなした議員に戻すいわゆるキックバックがポイントで、戻した分が不記載になっていたのだろう、と解説していた。

私がこの件で「キックバック」という言葉を聞いたのはこのときが初めてだった(それにしても田崎さんはなぜもっと早くこの仕組みを教えてくれなかったのか?)。

朝日新聞は今回の受賞について、2023年の12月1日に「安倍派 裏金1億円超か パー券不記載 立件視野 ノルマ超分 議員に還流 東京地検特捜部」と特報したと書いている。

以前から各媒体を見比べていた私には、衝撃のスクープには思えなかった。とはいえ赤旗は日本共産党の機関紙であり、新聞協会とは関係ない。だから朝日が受賞なのだろうが、モヤモヤするのは記事の内容もそうだった。

一言で言ってしまえば「朝日のスクープって検察から聞いたものを流してただけだよね」というのが私の感想なのだ（失礼）。

検察からどれだけ情報を得るかも記者の実力だ！という反論もあろう。しかし検察情報を盾にして政局を仕掛けていないか？とも思えた。例えばこれ。

『松野・西村・萩生田氏　更迭へ　高木氏も　世耕氏交代を検討　裏金疑惑　安倍派5人衆を一掃』（12月10日）

「安倍派5人衆を一掃」に違和感を覚える。朝日の願いも込めてないか？　安倍政権時代からの因縁を晴らしたい行間を感じたのだ。

ある意味、一連の記事は昨今話題の感情優先の「エモい記事」だったのかもしれない。

すると、このあと発表された日本ジャーナリスト会議の大賞には、赤旗の自民党裏金問題スクープが選出された。朝日の新聞協会賞、ちょっと気まずくないか……?

私はこのことを『ニューズウィーク』(日本版)の連載コラムに書いたり、仕事先で記者・ジャーナリストに感想を尋ねてみたりした。

印象に残ったのは次の言葉だ。そんなの単なる検察リークでしょ?という指摘があるのはまったくその通りだとした上で、

「しかし世の中に与えるインパクトで言えば、国家権力であり捜査権力である検察が正式に捜査をし、場合によっては刑事処分をするかもしれないという瞬間を切り取った朝日のあの一面はやはり意味があったのではないか」

なるほどなぁ。これは一般紙としての役割の話でもある。一口にスクープといっても、私の外野席視点からプレイヤーの見解まで、これだけ話が深まったのだ。自分で考えたからこういう探究もできたのだろう。

そこであらためて考えたのです。ニュースを見る・読むうえで頭に入れておくことがある。報道をする記者にとって何がいちばん重要か。それは「情報」だ。その情報は権力を持っている人に集まる。

つまりメディアには、情報を取るという大事な本分と、それでも権力者をチェックしなくちゃいけない役割が並行している。おかしいことはおかしいと言わなくちゃいけない。そんなメディアの役割を頭に入れながらニュースに接するようになった。

本書はメディアとの付き合い方を自分なりに書いた本でもある。ここ数年の野次馬結果報告です。私の座右の銘「半信半疑」が集結していると言っていい。

のぞき見感覚で、あなたにチェックしていただければ幸いです。

第1章

オリンピックとおじさん新聞

2021東京五輪報道の中で見つけた「おじさんと新聞」のアップデート

●五輪に対して揺れる立ち位置

私は新聞を14紙購読しています。一般紙、スポーツ紙、夕刊紙・タブロイド紙。ずっと個人で読み比べを楽しんでいたのですが、ネタにしたら反響があったので現在はテレビ・ラジオやコラムでも新聞ネタをやっています。

そんな新聞には4年に一度、お祭りがやってくる。そう、オリンピック（五輪）です。「商業五輪」の始まりとされるのは1984年のロサンゼルス五輪ですが、あの賑やかさは中学2年生だった私には強烈でした。私の記憶では、NHKは1988年のソウルオリンピックから放送時にテーマ曲を流して盛り上げることを始めました（浜田麻里の「Heart and Soul」）。

同時期には、1998年に開催予定の長野冬季五輪招致に関して地元メディアが盛り上がっていた。私は長野県生まれですので覚えています。

こうして「五輪」となるとメディアはお祭りになるという実感がありました。そして、盛り上がるというよりはメディアが五輪に積極的に携わっている様子が見えてきました。

いきなり結論めいたことを言えば、日本でメディア論を語るなら五輪報道を語ればよい、とすら思っています。特に「東京オリンピック２０２０」（２０２１年開催）はクライマックスだったと言っていい。ただ、今も祭りは続いています。２０２４年に開催されたパリ五輪の報道にも相変わらず興味を持ちました。

まず２０２１年の東京五輪を新聞はどう伝えたのか？　これは大きな興味でした。開催前に感じたのは新聞（大手紙）の揺れる思いです。新聞は立ち位置が苦しそうだった。スポンサーとして「中の人」になっていたからだ。朝日、読売、毎日、日経がオフィシャルパートナー、産経と北海道新聞がオフィシャルサポーターを務めた。

東京五輪には国立競技場問題、開催費用、招致活動の際の買収疑惑、酷暑、コロナ禍などなど、少しあげただけでも問題の宝庫でありジャーナリズムの出番でしたが、あろうことに新聞は東京五輪の神輿を担ぐ側にまわってしまっていた。だから問題が起きるたびにどこかよそよそしかった。

とくにコロナの感染拡大で五輪開催そのものが問われ、意義も問われたとき。朝日新聞は5月26日に五輪中止を求める社説を掲載したが、その過程こそが新聞好きにはたまらなかったのである。

まず朝日の5月14日のオピニオン欄に、慶應義塾大学の山腰修三教授の「メディア私評」が載った。ジャーナリズム論、政治社会学が専門の方だ。タイトルは『ジャーナリズムの不作為　五輪開催の是非　社説は立場示せ』（朝日新聞・2021年5月14日）。

《5月13日現在、朝日は社説で「開催すべし」とも「中止（返上）すべし」とも明言していない。（略）社説から朝日の立場が明確に見えてこない。内部で議論があるとは思うが、まずは自らの立場を示さなければ社会的な議論の活性化は促せないだろう。》

大学教授の寄稿なのでこれは朝日の意見ではない。しかし自社の紙面にこうしたオピニオンが載るのだから、朝日の「対応」に私は俄然注目したのである。野次馬視線と言ってもいい。

朝日は「沈黙」が続いたが、動きがあったのは地方紙だった（東京目線が嫌なので私は「地元紙」と呼んでいます）。それは5月23日の信濃毎日新聞だった。

『東京五輪・パラ大会 政府は中止を決断せよ』（信濃毎日新聞・5月23日・社説）

《五輪開幕までに、感染状況が落ち着いたとしても、持てる資源は次の波への備えに充てなければならない。東京五輪・パラリンピックの両大会は中止すべきだ。》

この社説はSNSでも大反響となった。2日後には西日本新聞も続いた。

『東京五輪・パラ 理解得られぬなら中止を』（西日本新聞・5月25日・社説）

すると、朝日は5月26日に社説で『夏の東京五輪 中止の決断を首相に求める』を発表したのだ。大きな話題になったが、信濃毎日新聞より3日遅れだったのである。地元紙が書いたから朝日も慌てて書いたのだろうか？　それとも論説委員が何日も何か月も議論をしているうちにタッチの差で先を越されたのか？　新聞好きの私にはたまらない行間であり、時系列だったのである。

●アップデートする信濃毎日

朝日新聞が五輪報道にもがいているように見える中で、いち早く「中止」を訴えた信濃毎日新聞は、そのあとも五輪を問い続けた。

開会式当日は『虚構の舞台に成功はない』（信濃毎日新聞・7月23日）。

《関係機関やスポンサーの利益を優先する姿勢は、五輪の欺瞞をあらわにした。もはや、何をもって成功と呼ぶのかも定かではない》

閉会式の翌日は『もう腐食はごまかせない』（同前・8月9日）。

《東京五輪では経費をどこにどう使ったのか。業務委託の詳細を含め、情報開示を徹底するのは組織委の義務と言っていい。この大会で残せるものがあるとすれば「スポーツの祭典」に名を借りた悪弊と矛盾を絶つに資する、厳正な総括をおいてほかにない。美辞麗句を並べて〝成功〟を演出するのでは、オリンピックの命脈を縮めるだけだ。》

東京五輪に関しての言説のなかで、信濃毎日新聞は抜群の存在感を見せた。念のために書いておくと、私は開催中止を訴えたから信毎を褒めているのではない。新聞社として堂々と「論」を述べたことがよかったと思ったのだ（それが本来の新聞だと思うのだが）。

ただ、信濃毎日新聞にも「過去」があった。冒頭に書いた１９９８年の長野冬季五輪である。

長野五輪でも開催の意義や費用について問われていたのである。招致委員会の会計帳簿が焼却されていたことが明らかになったことは衝撃だった。あの長野五輪から20年以上経ち、信濃毎日新聞は自分にとっても耳の痛いことを言うしかないと選んだのかもしれない。

過去と向き合うことは人間も新聞も必要だ。私は新聞を擬人化したら「おじさん」だと思っているが、おじさんのアップデート論としても「信濃毎日新聞と五輪」というお題は興味深かったのである。

そう考えていたら、なんと信毎の「中の人」である論説主幹が、雑誌『Journalism（ジャーナリズム）』に寄稿していたのを見つけたのである（２０２１年10月号）。
こちらだ。
『五輪中止求める社説を掲載　市民の視線で光より影を見つける』（丸山貢一）
この中で長野五輪当時の自社の報道を振り返っていた。当時は五輪担当のデスクだったという丸山氏はこう書く。

《公共事業に集中投資され、地域社会は激変の波に洗われていた。自然環境への影響や不明朗な招致活動経費などの問題が浮かび、それらに不信を抱きつつボランティアに参加する人々もいた。五輪の高邁な理想と現実がねじれを生んでいるように、開催地もまた葛藤の渦に巻き込まれていた。

「五輪からあすへ」と題した連載キャンペーンを展開し、巨額の税金を投じ、多くの人材を費やして開く五輪の意義は何か、と問い続けた。》

さらに後半では、

《私たちは長野五輪の「影」を県民に十分伝えられたのか、今でも忸怩たる思いを引きずっている。》

《招致段階でのIOC委員らへの接待疑惑は、招致委員会の帳簿書類が焼却される隠蔽もあって追及し切れず、検証できなかった。今回、五輪を担当した論説委員は「県民、

市民の視線にこだわろうと覚悟して書いた」と振り返る。》

今回の東京五輪については、

《大手紙はスポンサーになることに言論機関としてのためらいはなかったか。「言わなければならないことが言えなくなるのでは」という疑念を向けられるのは予想できたはずだ。》

と指摘している。コラムの締めは、

《めくらましのように放たれる「光」に惑わされることなく、「影」を見つめ、そこに生きる人々のまなざしから報道し、論評しなければならない。私たちにとって未完の課題である。》

いかがだろうか。私が見立てた「おじさんのアップデート」、すなわち「新聞のアップデート」論そのものの論考でもあったのである。

実は丸山論説主幹の論考が載った『Journalism』同号には私も寄稿していた。タイトルは「おじさん新聞のアップデート」。先述した五輪中止社説をめぐる時系列や、信濃毎日新聞の過去について書き、新聞のアップデートについて見立てて書いた。

同号でまさに信毎の人が、自分たちの過去について振り返りながら今回の社説について述べているとは目次を見るまで知らなかったので、我ながら良い見立てだったと思えた。

東京五輪では、大会のスポンサーとなった大手紙の混迷や、行間から漂う困惑した「表情」が印象的だったが、その中でこうした地元紙の動きを見ることができたのは収穫のひとつだったのである。

(書き下ろし)

2024パリ五輪報道で もっともマヌケだった記事は?

●金メダル獲得に大興奮なのはどこも同じ

まずはこちらをご覧ください。『パリ五輪　メダル総数45個、海外五輪最多　17日間の祭典、閉幕へ』(毎日新聞・2024年8月12日)という記事です。

《日本の金メダルは選手団が目標に掲げた20個に到達し、銀12、銅13と合わせた総数は計45個で確定した。金メダル数と総数はいずれも海外開催の五輪での最多記録を更新した。》

2021年の東京五輪終了時にも検証した「五輪とメディア報道」について、今回も見ていきたいと思います。

結論から言うと、スポーツ紙はともかく相変わらず全国紙も一面から「金メダル、メダル」で大騒ぎでした。私はX(旧Twitter)で仕事用に新聞の一面メモを記録しているのですが、今回も壮観だった。よい記録になりました。

たとえば8月12日の一面見出しをご覧ください。

読売『やり投げ　北口「金」　日本「金」20個　海外で最多』
毎日『メダル総数45個　海外五輪最多』
産経『金　目標20個　総数も海外最多45』
東京『原発稼働　適格性に疑問　新潟県検証委の池内元総括委員長』
日経『車、プラ再利用へ供給網　ホンダや日産　廃車から部品　欧州規制強化に対応』
朝日『10万年　核ごみは眠る　フィンランド地下４５０メートル　世界初の最終処分場、試運転へ』

いかがでしょうか、これぞ新聞読み比べの醍醐味です。

五輪開催中の一面見出しを並べてみるとわかることですが、読売・産経新聞は連日「日本・金メダル・メダル獲得」で大興奮。両紙は保守系ですから「国の誇り」を感じてたまらない様子があふれています。見出しの言葉が似ているのも面白い。

読売と産経については「オメエはそれでいいや」（by アントニオ猪木）という感じなの

ですが、日本のメダル獲得に興奮しているのは朝日も毎日も同じようなものでした。

●毎日新聞が抱えた「矛盾」

あらためて8月12日の見出し、毎日新聞を見てください。『メダル総数45個　海外五輪最多』とあります。読売、産経新聞と変わりありありません。

さらに毎日新聞が矛盾を隠せなかったのは同日の社会面でした。

『岐路の五輪　パリからロスへ／上　選手謝罪、SNSの圧力　直感だけで即座に中傷』（8月12日）

記事自体はとても読みごたえのあるものでした。たとえばこちら。

《「炎上五輪」との声も出るほどパリ五輪で問題になったネット交流サービス（SNS）でのアスリートへの中傷の中には、ミスをした選手に謝罪を要求するケースもあった。「謝罪」に端を発する問題は深刻化し、対応を迫られている。》

今大会はSNSにおける中傷問題が顕著であり、この問題は前回の東京五輪から目立っていたと私は記憶しています。前回、熱心に報じていたのも毎日新聞でした。以下は3年前の記事です。

《人種差別、ジェンダー平等、メンタルヘルス――。東京オリンピックで、選手たちが社会的な問題を巡り声を上げ始めている。》（2021年7月31日）

選手たちがさまざまな問題に声を上げていることをまとめている。多くの選手が口にした「メンタルヘルス」では、選手には極度の重圧がかかる例がいくつも書かれていた。対策の一つとしてメダル数の目標を出すのを取りやめている国も出てきたことを報じています。ここ、ポイントです。

そして、今大会でも毎日新聞は選手のメンタルについて報じていた。

《ネット上で寄せられる過激な声によって近年、メンタル面の不安を訴える選手は少なくない。》（2024年8月1日）。

この件に関連するのは柔道女子52キロ級代表の阿部詩選手です。五輪2連覇を目指した

が個人戦は2回戦で敗れ、試合直後は立ち上がれないほど泣きじゃくった。その号泣する姿を巡り、

《ネット交流サービス（SNS）では、応援の言葉とともにいわれのない中傷も飛び交った。詩は中傷との関連は明記していないが、30日に自身のインスタグラムで「情けない姿を見せてしまい申し訳ありませんでした」と投稿した。》

アスリートへの中傷は最近ますます過激になっており、今大会も対象は詩選手だけにとどまらないと記事は伝える。

そのうえで、8月12日に『岐路の五輪　パリからロスへ／上　選手謝罪、SNSの圧力直感だけで即座に中傷』という記事を書いています。

SNSでの中傷はプレーだけにとどまらず、負けた後の振る舞いなどにも及ぶことを取り上げました。東洋大の竹村瑞穂准教授（スポーツ倫理学）は、SNSの問題について一部でルールの誤解があったことも踏まえ、「スポーツに対する知識や理解がないと、わかりやすい『勝敗』や『失敗』にフォーカスし非難を加えやすい状況に陥る」と指摘。日本のスポーツ観戦文化が成熟する必要性を訴えています。

記事では、

《個人やチームの勝負であるスポーツが、４年に１度の五輪では国別対抗の側面が強調され、選手や観戦者の感情を高ぶらせる。》

とあります。

そう、ここ大事、とても大事。

五輪憲章には「オリンピック競技大会は、個人種目もしくは団体種目での競技者間の競争であり、国家間の競争ではない」と明記されている。

しかし、社会面で警鐘を鳴らしている毎日新聞のこの日の一面は『メダル総数45個 海外五輪最多』でした。読売・産経の「愛国路線」と変わらない。

これではメディア側も「国家間の競争」を煽り、ＳＮＳで興奮してしまう人の背中を押していないだろうか？　矛盾もいいところなのである。毎日新聞はせっかく3年前に「対策の一つとしてメダル数の目標を出すのを取りやめている国も出てきたこと」を報じていたのに。

東京五輪では朝日新聞社、日本経済新聞社、毎日新聞社、読売新聞東京本社の４社が大会スポンサーである「オフィシャルパートナー」契約を結んだ。メディアが「中の人」となって神輿を担いだわけだが、パリ五輪を見るとスポンサーかどうかは関係なく五輪には興奮するという姿が見えてくる。もしかしたらそのほうが「楽」だからだろうか。たしかに批評や論評を捨て、五輪万歳のエモい記事のほうが書きやすそうだし。

●五輪では保守もリベラルも同化する

さて今回、五輪記事でもっとも呆れてしまったのはこちらだ。朝日新聞の8月13日一面『パリ五輪閉幕　有観客・市民参加、祝祭感再び』である。編集委員・稲垣康介氏が総括しているのだが、最後の部分に注目してほしい。

《五輪は時代を映す鏡だ。絶えない紛争、気候変動、ジェンダー問題……。世界最大の運動会はグローバルな課題が可視化される。テーマが壮大なので、聖火が消えて「日常」に忙殺され始めると、忘れがちだけれど、どれも傍観すべきでない命題だ。日本のメダルラッシュに目を奪われ、選手の肉声を拾うのに追われがちな日々だっただけに、よりその思いを強くする。》

あのー、勝手に忘れてるのはあんただろ。「日本のメダルラッシュに目を奪われ」はしゃいだのはあんたらだろ。何を書いているのだ。

さらに皮肉だったのは一枚めくって「2面」だった。

『日米、不平等変わらぬまま　沖縄国際大、米軍ヘリ墜落20年』（8月13日）

米軍普天間飛行場（沖縄県宜野湾市）に隣接する沖縄国際大学に、米軍の大型輸送ヘリコプターが墜落した事故から13日で20年経ったことを伝える記事です。事故は米軍によって日本の主権が制約を受ける日米地位協定の問題を浮き彫りにしたが、不平等な実態は変わらぬまま。

注目したのは当時の状況を解説した部分だ。

《朝日新聞を含めた全国メディアの報道は一報段階の扱いが小さく、さらに翌日以降、開幕したアテネ五輪一色となり、メディアのあり方も問われた。》

アテネ五輪で興奮していて「沖縄国際大、米軍ヘリ事故」について扱いは小さく、メディアのあり方も問われたと書いている。しかしこの記事が載った日の一面には、先述した、

《日本のメダルラッシュに目を奪われ、選手の肉声を拾うのに追われがちな日々だっただけに、よりその思いを強くする。》

というマヌケな作文が載っていたのである。つまり20年経っても変わっていないことを、この日の朝日新聞が自ら証明しているのだ。

五輪では保守もリベラルも同化してしまう。いや、新聞も商売であると考えると、リベラルだの社会の木鐸だの、そんなものは「自称」であり、元からないのかもしれないが。

（初出：「プチ鹿島メルマガ」２０２４年8月19日号）

選手の喫煙・飲酒騒動で再燃した「感動をありがとう」問題

●「同情の余地なし」という厳しい声も

体操の宮田笙子選手（19）が五輪辞退。喫煙、飲酒が確認されたため、協会幹部と宮田選手が話し合って決めたという。

日本では20歳未満の喫煙、飲酒は法律で禁じられている。日本体操協会の行動規範では、違法行為の禁止に加え、20歳以上でも代表活動中の喫煙と飲酒は原則として禁じられている。

今回の宮田選手の五輪辞退は、法律やルールを破ったのだから当然なのか、厳しすぎる結論なのか。ＳＮＳでも論議が繰り広げられていた。

スポーツ新聞の担当記者はどう見ているのか？　各紙の「記者の目」を見ていこう（２０２４年7月20日分）。

スポーツニッポンは『体操・宮田が五輪辞退　主将が公然とルール違反……同情の余地

なし　なぜ事前に指導できなかったのか』。

・今回の宮田の五輪代表辞退は当然であり、同情の余地は全くない。

・代表チームの主将でありながらなぜ公然とルールを破るような行動を取ったのか、なぜ事前に周囲が指導できなかったのか、その本質的な部分を解明することが何よりも大切だ。五輪辞退だけでうやむやにすることは絶対に許されない。

スポニチ編集委員・藤山健二氏はかなり厳しく書いていた。

サンケイスポーツは『【記者の目】パリ五輪代表辞退の宮田笙子、想像以上の重圧でもルール破ってよい理由にはならない』。

・本人に自覚はあったはずだが、19歳という若さで背負った日本女子体操界のエースという重圧は想像以上に大きく、責任感が強い宮田にとっては耐えきれないものだったのだろう。ただ、それはルールを破ってよいという理由にはならない。

高橋朝香記者は、重圧について触れながらルールに言及。

●「代表に絶対入らないといけない」と言われ……

その重圧について具体的に書いていたのは、デイリースポーツの『宮田笙子はプレッシャーと戦い苦しそうにしていた　五輪を辞退した19歳エースの素顔とは』。

体操担当・田中亜実記者は、19歳にして女子のエースの両肩にはかなりの重圧がのしかかっていたとし、宮田選手は「たびたび苦しそうにしていた」と指摘。世界切符がかかっていた2023年4月の全日本個人総合選手権では、右かかとの疲労骨折を抱えていた。

《医者に「このまま続けたら体操ができなくなる」と言われた中で「多くの人から『代表に絶対入らないといけない』と言葉があって、プレッシャーになっている部分があった。そこがつらい」と涙ながらに訴えた。》

「涙ながらに訴えた」が壮絶だ。田中記者は「五輪辞退は賛否が分かれる重い決断となったが、自身の行動の結果でもある。足元を見つめ直し再起につなげてほしい」と結んだ。

ここで指摘されていた選手のメンタル面。そういえば思い出した、前回の東京五輪の開催中にこんな記事があったことを。

《人種差別、ジェンダー平等、メンタルヘルス――。東京オリンピックで、選手たちが

社会的な問題を巡り声を上げ始めている。》（毎日新聞・2021年7月31日）

国際オリンピック委員会（ＩＯＣ）や大会組織委員会は平和や人権、多様性などの理念を掲げているが、東京五輪では森喜朗前組織委会長の女性蔑視発言などの問題が相次いだ。そんな状況だった大会で選手たちが声を上げていることをまとめた記事だった。

たとえば多くの選手が口にした「メンタルヘルス」。体操女子団体総合決勝で途中棄権した米国のシモーン・バイルス選手は、メンタルヘルスが理由だったと明かした。16年リオデジャネイロ五輪4冠のスター選手は、個人総合決勝も棄権。

スケートボード男子ストリートのメダル候補だった、米国のナイジャ・ヒューストン選手は、競技で7位に終わり、ＳＮＳに「私も人間だ。重圧や期待と闘うのは簡単ではない。負けたらホテルで酒を一気飲みすることもある。メンタルヘルスは大事だ！」と投稿。

女子マウンテンバイク（クロスカントリー）で14位だったリオ五輪の金メダリスト、ジェニー・リスベドス選手（スウェーデン）は「終わって良かった。五輪チャンピオンじゃなくてジェニーになりたい」と語った。リオ五輪後は重圧からうつや摂食障害になり、一時競技を離れたこともあった。

このように、選手には極度の重圧がかかる例がいくつも書かれていた。では、何か少しでも有効な対策はあるのだろうか？

●完璧な選手像を求める「感動をありがとう」の欲望

東京大会では選手たちを少しでも重圧から解放しようと、メダル数の目標を出すのを取りやめる国も出てきた。オーストラリアは東京大会でメダルの目標数を掲げることを取りやめた。幹部は「余計な重荷を増やしたくなかった。目標数がなかろうと、アスリートはみんな勝利を目指すものだ」と説明。

一方、日本は金メダル30個を目標に設定していた。このあたりにも宮田選手の件を考えるヒントがありそうだ。

《JOCと日本体操協会がそれぞれ定めている規定には、「代表としての自覚」や「模範になるように」といった文言が含まれている。今年4月の全日本個人総合選手権や、5月のNHK杯で宮田は「エースにふさわしい演技を」と繰り返していた。》（サンスポ7月20日）

喫煙や飲酒の禁止という行動規範だけでなく「模範になるように」といった規定。完璧で潔癖な選手像。そんなの五輪選手だから当たり前だろという声もあるかもしれないが、それは「感動をありがとう」という見る側の勝手な欲望とセットになっていないか。メディアが当て込んでいる五輪報道の美談と地続きになっていないだろうか。

むしろ前回大会で五輪選手が声をあげる姿が注目されたからこそ、もう選手に対しての超人扱いや模範になる姿を求めることはやめ、当たり前だが、同じ人間として見たほうがよい気がする。

宮田選手が再起してまた演技を見せてくれたら、むしろそちらのほうが今の社会に合う等身大の「模範」になるのではないか。つまずいた人にもやさしい社会でありたいと思う。

（初出：「文春オンライン」２０２４年7月23日）

第2章

混迷する〝安倍スタジアム〟

安倍政権下で変節したメディア

●日刊ゲンダイVS安倍元首相の〝迷勝負〟

「安倍政治とメディア」と言えば忘れられないのが、日刊ゲンダイと安倍元首相の〝迷勝負〟です。2014年に勃発したのがこちら。

『「ある夕刊紙は……」愛読者の安倍首相、日刊ゲンダイを批判？』（日刊ゲンダイ・2014年2月13日）

当時、安倍首相が衆院予算委員会で、NHK経営委員の百田尚樹氏が都知事選の応援演説で対立候補を「人間のくず」と表現したことを野党議員に追及され、「ある夕刊紙は私のことをほぼ毎日のように〈人間のくず〉と報道しております。私は別に気にしませんけどね」と笑いながら答弁。これを見たゲンダイが、

《どうも日刊ゲンダイを指しているようだが、権力批判や監視が命題のジャーナリズム

とは違い、公人である百田氏の「くず」発言を笑いでゴマカすのには疑問が残る。もっとも、本紙は首相のことを「ボンクラ」「嘘つき」とは表現したが、一度も「くず」とは報じていない。》

なんという切り返し！「本紙読者として知られる安倍首相」というキャプションもあった。

2年後には同じく衆院予算委員会で、「安倍政権に批判的なテレビキャスターやコメンテーターが次々と番組を降板している。民主主義の健全な発展にもマイナスだ」などと問われると、安倍首相は「今日、帰りにでも日刊ゲンダイを読んでみてくださいよ。これが萎縮している姿ですか」と答えた。

翌日のゲンダイは「一部の特殊な例を挙げて、それが全体に当てはまるかのように丸め込むのは、典型的な詐欺師の手法だ」。さらに「国会の場で安倍サマのお墨付きを得てしまった以上、今後も必死で報道の自由を行使しなければならないが、そんなに愛読しているのなら、ぜひ記事の内容もきちんと理解してもらいたいものだ」と反応。

私はこれらの激闘を面白く見つつ、一国の首相がわざわざタブロイド紙の名前を挙げる姿に驚愕したのである。これこそ「安倍政治とメディア」の姿そのものではないか？とも思った。

●「メイン」があるから「サブ」が輝く

安倍政権はテレビ局や全国紙にあの手この手で牽制していた。たとえば2014年の衆院選前に自民党が放送局に文書を送って報道の「公平中立」を求めて以降、テレビは明らかにビビった。ところが日刊ゲンダイは自由に書いている。それすらも安倍氏はイライラしたのだろう。いちいちゲンダイも気になってしまう「首相」とは……。

こう書くと私がタブロイド紙を軽視しているように思われるかもしれないが逆だ。全国紙など「メイン」があるからタブロイド紙や週刊誌の「サブ」は一層輝くと思っている。なので最近気になるのはメインのだらしなさだ。

2021年、東京五輪の運営のハレンチさをせっせと暴いたのは週刊文春だった。大手新聞社は五輪のスポンサーになって「中の人」になっていた。メインとサブの逆転である。旧統一教会問題だってそう。本来なら政治部や社会部、ときには国際部など組織ジャーナリズムを駆使して全国紙にしか追えないネタもあるはずだ。ゲンダイや鈴木エイトさんはあくまでサブであるはず。それなのに新聞のほうが後手後手という現実。

現在は野球で言うならゲンダイが4番の打撃を求められている。こんなのおかしい。あくまでベンチで野次を飛ばす元阪神・川藤のような役割だろうに（だからたまらない）。今の立場はゲンダイ師匠だって戸惑っているに違いない。

〝メインストリーム〟の皆さん、しっかりしてください。

（初出：日刊ゲンダイ臨時特別号「検証・安倍晋三と安倍政権の8年8カ月」2022年9月）

産経VS朝日に参戦した安倍元首相の〝やらかし〟ツイート

●産経新聞による「朝日熟読ネタ」

ゴールデンウィークで世の中が明るいなか、暗闘がまた繰り広げられていたことをご存知でしょうか。「産経新聞 VS 朝日新聞」、そして「安倍晋三 VS 朝日新聞」です。

まず私が熟読してしまったのは産経新聞の『憲法記念日には産経を読もう 論説副委員長・沢辺隆雄』（2022年5月3日）というコラムでした。冒頭から朝日ネタ。産経の論説副委員長は、以前に他紙の先輩から「日教組の先生は、朝日と週刊プレイボーイしか読んでいない」と教えられたという。

《本当かと思ったが、教員が朝日好きなのはたしか。プレイボーイはグラビアが目当てというより、時事ネタなどを青少年向けに分かりやすく扱っているから、らしかった。》

そのあと、

《いずれにしろ先生が世間知らずなことは、昔から教育関係者が認めることではある。》

とバッサリ。朝日憎しのあまり巻き添えを食らうプレイボーイ！
最後は、

《学校では自ら学び、考える力が重視されるようになった。だが考える力を支える土台の大切さは忘れがちだ。先生こそ産経を読み、世間を学んでほしい。》

と自画自賛で終わる。

ここで発売中のプレイボーイを確認してみた。すると特集で《「ジャーナリズム」とは何か？》が組まれていた。テレビ朝日のキャスターだった富川悠太氏が4月から「トヨタ所属のジャーナリスト」になったと公式サイトで報告したことに対し、それは広報だろというツッコミが各所で起きた。プレイボーイはこの際「ジャーナリズム」とは何かを考えたのである。かなり読みごたえがあった。産経の論説副委員長も読んだほうがいいと思う。

今回のポイントを押さえておきたい。私は以前から産経新聞を擬人化すると「朝日を嫌いすぎて、朝日新聞をもっとも熟読しているおじさん」と例えていた。そして当の朝日は産経に何を言われても相手にしないのだ。ツンツンした態度をとるのがさらに産経を苛立たせる。

●安倍元首相の〝やらかし〟ツイート

産経記者による朝日熟読ネタはこの数日前にもあった。4月26日に産経の阿比留瑠比記者がツイッターで、朝日の森友問題についての記事に言及したのだ。ハイライトはここから。安倍晋三元首相がこのつぶやきを引用し、「相変わらずの朝日新聞。珊瑚は大切に。」（4月26日）とツイートしたのである。

産経に何を言われても相手にしない朝日に対し、たまに安倍氏が産経側について朝日叩きを一緒に「熱唱」する。ものまね番組の本人登場みたいな展開なのです。

ここでいう安倍氏の「珊瑚は大切に」は、1989年に朝日新聞のカメラマンが起こした珊瑚事件のことだろう。沖縄の珊瑚に「ＫＹ」という文字が落書きされていたと朝日は報道。環境破壊を憂いた記事だったがその文字を書いたのはカメラマンだった。捏造が発覚して大騒動となり当時の朝日社長は辞任。つまり安倍氏は「珊瑚」を持ち出すことで朝日の森友記事も「捏造」と言いたいのだ。そう読める。

これに関してはジャーナリストの相澤冬樹氏が日刊ゲンダイで、

《朝日の社説は、日本記者クラブで行われた赤木雅子さんの会見で、改ざんと土地売買の関係性を見据えての発言があったと伝える内容でした。それを「捏造」呼ばわりするのは、昭恵さんの存在が土地取引での特別扱いを招き、公文書改ざんへとつながったという事実を〝なかったこと〟にする〝やらかし〟ツイートと言わざるを得ません。》（5月7日）

と書いていた。安倍元首相の〝やらかし〟ツイートというパワーワードである。

●「桜を見る会」をめぐる因縁も

さらにゴールデンウィーク中、今度は安倍氏の「桜を見る会」夕食会（前夜祭）に注目が再度集まった。夕食会の費用を安倍氏側が補填した問題で、東京新聞の請求で開示された配川博之元公設第一秘書の刑事確定記録から『安倍氏と秘書　矛盾次々』（5月3日）と一面で報じられたのだ。

その3日後、今度は朝日新聞も同様の供述調書などを閲覧したことを報告。秘書らが、夕食会の費用の補塡は選挙区内での違法寄付にあたると問題視されることを懸念して、意図的に収支報告書への記載を避けたと供述していたことが分かった、と報じた。

ここで面白かったのは「そのまま収支報告書に載せればマスコミにも取り上げられ、シビアな問題になる」という秘書らの懸念だ。秘書が供述で言及していたのは「12年秋の朝日新聞の記事」だった。


《安倍氏が代表の自民党山口県第4選挙区支部がキャバクラなどでの飲食代を政治資金で支払ったという内容で、「安倍も激怒して配川を厳しく叱責した」という。》

ああ、2012年秋にも「安倍晋三VS朝日新聞」がおこなわれていた。それに懲りた秘書らはきちんと対応を協議することなく「互いに相手に任せるような形」になって放置されたという。

5月7日、朝日は社説で『「桜」費用補塡　安倍氏の口から説明を』と書いてきた。朝日は安倍氏の供述調書の閲覧も求めたが許されなかったという。朝日社説を熟読している安倍&産経が目に浮かぶ。これからどんな「反撃」があるのだろう。

ちなみに私は2年前の連載コラムで、当時の安倍首相と菅義偉官房長官についてこんな感想を書いている。

《そういえば「桜を見る会」の前夜祭の補塡の件で、安倍事務所の秘書の言うことをずっと2人とも「信じていた」というのも、本当だとしたらこちらのほうがずっとマズい。このツートップがプーチンや習近平やトランプやバイデンらとどんな話をしてきたのか、これからしていくのか、国益が気になるのである。》

安倍氏はもしかしたら「人を信じやすい」のかもしれない。過去の言動をもう一度検証してみる必要性も見えてきた。

●安倍元首相の「朝日に勝った」宣言

それにしても「安倍&産経VS朝日」の歴史は長い。ドナルド・トランプがアメリカの大統領選に勝利した2016年秋。ニューヨークのトランプタワーでの初会談で軽くゴルフ談議をした後、安倍氏はこう切り出したという。

《「実はあなたと私には共通点がある」

怪訝な顔をするトランプを横目に安倍は続けた。

「あなたはニューヨーク・タイムズ（NYT）に徹底的にたたかれた。私もNYTと提携している朝日新聞に徹底的にたたかれた。だが、私は勝った……」

これを聞いたトランプは右手の親指を突き立ててこう言った。

「俺も勝った！」

トランプの警戒心はここで吹っ飛んだと思われる。》

これは産経新聞の記事である（2017年2月11日）。一国のトップが「メディアに勝った」と言い、それを伝える産経師匠もうれしそう。しかしそのあとも〝迷勝負〟は続く。今後もこの攻防を、私はよだれを垂らして見守っていきたい。

（初出：「文春オンライン」2022年5月10日）

安倍元首相の国葬は党・内閣の合同葬でよかった

●「国葬の・ようなもの」はどう報じられたか

映画監督の森田芳光の作品に『の・ようなもの』がありますが、２０２２年9月27日には「国葬の・ようなもの」と感じるイベントがおこなわれました。あれは一体何だったのだろう。新聞好きとしては国葬のようなものはどう報じられたのかという視点で振り返っていきたいと思います。

まず紹介したいのがこちら。7月13日の産経新聞の一面トップ記事『安倍氏「国葬」待望論』です。

安倍晋三元首相が銃撃されて亡くなってから5日後に産経が書いてきた。ところが読んでみるとどうも趣が違う。てっきりアツい主張が述べられているかと思いきや、かなり弱気に思えたのである。

まず小見出しには「法整備や国費投入課題」とある。記事の序盤では《元首相の葬儀に国費を投じることには批判的な意見も根強い》と早々に書いている。さらに《過去の例に照らせば、国葬となる可能性は高くない。法的根拠となる国葬令は昭和22年に失効している》とも。

そして《最近では内閣と自民による「合同葬」が主流で、安倍氏もこの形式となる可能性が有力視される》という一文すらある。

つまり、国葬待望論と派手にぶちあげているものの「でも実際は難しいかなぁ……」という産経自身の行間がありありなのです。そして、このあと2か月にわたって繰り広げられる国葬論議は、まさにこの日に産経が書いていた課題が争点となりました。ある意味「出オチ」的な役割を果たしたと言ってよい記事だった。

産経が報じた翌日、岸田首相は国葬をおこなうことを発表した。

『異例国葬　党内に配慮　全額国費　首相は正当性強調』（朝日新聞・7月15日）

小見出しには「法的根拠に留意」「国論を分裂」「まだ功罪検証されず」。当初から指摘が変わっていないことがわかる。それにもかかわらず岸田首相はあっという間に決めてしまった。民主主義を守り抜くためと言っていたが、丁寧な議論をすっ飛ばす今回の行為は民主主義の危機そのものに見えた。

あえて言いますが、新聞の政治部の責任も大きいのではないか？　参院選前から岸田政権はこのあと「黄金の3年」とか平気で書いていた。新聞の政治部ってどこを向いているのか。首相を勘違いさせた一因だと思う。

●国葬やりたい派の理由の変遷

この頃に同時進行で話題が大きくなっていったのが旧統一教会問題だった。安倍氏と統一教会の関りが濃かったことが明らかになるにつれ、国葬論議も過熱していく。

数多くの疑問が出る中で、国葬をやりたい派の「理由」に注目するのも新聞読み比べの醍醐味です。岸田首相は８月31日の記者会見で、国会で説明することをようやく表明した。その会見では国葬の理由を、

《「安倍元総理が培われた外交的遺産をしっかり受け継ぎ、発展させるという意志を内外に示す」と語り、「弔問外交」の意義も強調した。》（朝日新聞・９月１日）

と語った。

国葬を主張する派はこの頃になると「弔問外交」に主張を絞っているようだった。「諸外国に恥ずかしい国葬反対論」（阿比留瑠比・産経新聞９月１日）でもわかるように、弔

問外交の意義が唱えられていたのだ。それでいうと面白かったのが、8月31日の会見での東京新聞記者の質問だ。

《本紙は、国葬ではなく内閣・自民党合同葬だった過去の元首相の葬儀にも現職の米大統領ら多数の要人が来ていることを指摘して「当時は国際儀礼、礼節を欠いていたとの認識か」とただしたが、首相は回答しなかった。》（9月1日）

この点は重要だと思う。調べてみると2年前の中曽根康弘氏の内閣・自民党の合同葬でも「外国の要人らが献花を行った」（産経新聞・2020年10月17日）とある。では当時の菅首相の「合同葬」という対応は失礼だったのか。2000年の小渕恵三氏の合同葬ではクリントン米大統領や金大中韓国大統領が参列したが、当時の森喜朗首相は礼節を欠いていたのだろうか？　たしかに森喜朗氏は数多くの失礼なことをしてきたが、この時の対応はそうとは思えない。

もっと言えば、自民党が保守と名乗るなら、保守は伝統と慣習を大切にするはずだ。1980年の大平正芳氏以降、自民党には内閣との合同葬という慣習があった。この流れを断ち切った岸田首相の伝統破壊はなおさら説明が必要なはずだ。国葬にする理由が弔問外交というのはいかにも後付けで弱い。

弔問外交についてわかりやすく指摘したのが、毎日新聞のコラム『井上寿一の近代史の扉』（9月17日）だ。学習院大教授の井上氏は、弔問外交はそもそも何かを書いている。それによると、

《2国間の外交が緊張している。首脳会談も開けない。このような2国間関係においても弔問となれば、緊張関係を一時的に棚上げして、接触することができる。弔問外交は外交関係を打開する直接的なきっかけになり得る。この観点に立つと、もっとも重要な弔問外交の相手国はロシアのはずである。しかしプーチン大統領がいち早く欠席を表明したことで、どうにもならなくなった。ロシアのつぎは中国だろう。》

なるほどの指摘。こうして弔問外交という理由も説得力がなくなっていく。そうなるとどうなるか。感情論の登場である。

9月に入ると国葬の費用が16・6億円かかると発表され、反対論がさらに加速した。そんななか、9月6日の『BSフジLIVE プライムニュース』では、櫻井よしこ氏が国葬費について「おカネのことを言うのは卑しい」というような発言をしていた。

税金の使い方や透明性について問うことは卑しいことではないはずだ。櫻井氏はどこかイライラし、焦っているようにも見えた。何でも映してしまうテレビの残酷さを久しぶりに見た思いだったが、「保守派の論客」にしてこのレベルしか言えないのは驚いた。

●産経の国葬クラファン問題

一方で、国葬と保守メディアという話では書いておくべきことがある。「産経新聞の安倍国葬クラウドファンディング問題」である。

まず、8月に産経新聞が国葬に合わせて、紙面で安倍氏の追悼広告を打つことを発表した。『追悼 安倍晋三元首相 ~国葬にあたり、広く社会で弔意を~ クラウドファンディングサイトで【特別紙面賛同者募集】』という呼びかけである。注目は「クラウドファンディング」という手法だ。

《9月27日の国葬当日に、安倍氏の功績を伝える特集とともに、ご賛同いただいた方々のお名前を掲載する特別紙面を制作する》

この広告費を賄うために、自社のクラウドファンディングサイトで「個人1口5000円」で寄付を募るという。すると予想より多くお金が集まって、最終的に目標の8倍の計4000万円。クラファンは大成功となった。

しかし、どうしても気になるのは産経への寄付を呼びかけているのが産経新聞社「本人」なのだ。言ってみれば広告を載せる媒体そのものが「胴元」になってお金を集めている。だったら無償で紙面提供はできないのか。

しかも紙面に名前が載っても当日の新聞は自ら購入する必要がある。これでは単に産経新聞社が4000万円の寄付ビジネスをしただけではないかと思えてしまう。このような疑問や指摘は当初からネット上でも出ていた。

そもそもクラファンって、自分の頑張りだけでは困難があるからおこなうのでは。産経の場合、そういった障害はどこにもないはず。安倍氏への追悼の意志を持つ一般の方からお金を集め、本来いらないはずの広告費を設定し、それを集めたお金で払う。メディアの「自作自演」の葬儀ビジネスに見えて仕方ないのです。

専門家に聞いてみても、第三者がクラファンの起案者になるのが望ましいとのことだった。その一方で、今回の産経の件でわかったことは安倍元首相への弔意を金額でも示したい方がたくさんいたということだ。

ここで、冒頭で紹介した7月13日の産経新聞に戻ろう。記事では「戦後の主な首相経験者の追悼」もまとめていた。

その中で私が注目したのは佐藤栄作氏の「国民葬」だった。産経は国民葬について「内閣と自民党、国民有志が共同で実施。費用はそれぞれが支出した」と解説していたからだ。

これだと税金投入は一番少なそうだし、国民有志からかなり費用が集まりそうだと思い、「むしろ国葬より盛大な式ができる予感もする」と当時から私は各所で書いたり言っていた。このあと産経の寄付に応募した人たちの多さや熱さを見ると、税金があまりかからないセレモニーの方法がやはりあったのではないか？　とつくづく考えたのである。

●菅氏の友人代表挨拶への違和感

さて国葬当日。菅義偉元首相の友人代表の挨拶が話題になった。しかし菅氏の言葉で気になったのは「あなたの判断はいつも正しかった」と「いつもまわりの人たちに心を配り、優しさを降り注いだ」という部分だ。

礼賛の空間を実際に見て感じたのは、あれが身内の「自民党葬」（内閣との合同葬）なら違和感はなかったが、国葬だとやはり不自然に思えた。近しい人たちで占められるセレモニーだから「あなたの判断はいつも正しかった」という言葉が出るのは当然だ。それは問題ない。しかしそれはあくまで身内の評価であり、それならやはり合同葬がよかったのではと感じたのである。

たとえば、セレモニーがおこなわれた武道館の閉じた空間から離れてみよう。国葬当日の沖縄タイムスは社説で「岸田首相は判断誤った」とし、安倍元首相は

《県知事に当選した翁長雄志氏には4カ月も会おうとせず、露骨にアメとムチの政策を続けた》、《安倍氏は敵と味方を峻別し、敵と見なした人々に対しては国会の場でもヤジを繰り返し、リベラル派批判が岩盤支持層から喝采を浴びた》

とある。

安倍氏の相棒だった菅氏が「いつもまわりの人たちに心を配り、優しさを降り注いだ」と言ったのと比べると、見事に対照的な沖縄タイムスの言葉だった。敵と味方を分けた安倍政治からすれば当然の「対照」だったと言える。

これまでの慣習に従った合同葬ではなく国葬という超公式のイベントにしてしまったのはやはり疑問しかない。まだ安倍氏の評価への温度差が各所でありすぎた。かつて中曽根

康弘元首相は「政治家の人生は、その成し得た結果を歴史という法廷で裁かれることでのみ、評価される」と言った。この言葉を「自民党の政治家」は知らないのだろうか。

では、国葬翌日のおもな新聞の一面見出しを並べてみよう。

朝日『賛否の中 安倍氏国葬』
読売『安倍元首相 国葬 菅氏「真のリーダーだった」』
毎日『献花にデモ 賛否割れる中 安倍元首相国葬に4200人』
産経『安倍晋三元首相　国葬』
東京『賛否交錯の中　安倍氏国葬』

「賛否」という言葉をつけているのが朝日、毎日、東京。読売と産経は国葬が堂々とおこなわれたという雰囲気。最後まで表現が割れているのはいかにも安倍氏らしい。

では終わりにこの記事を。9月1日の読売新聞オンラインが伝えていたのが『ゴルバチョフ氏の国葬、ロシア報道官「まだ決まっていない」……プーチン氏参列も「未定」』だった。

ゴルバチョフ氏は国葬にならなかったが、ゴルバチョフ氏の政敵で新生ロシアのエリツィン初代大統領が2007年に死去した際には国葬が営まれた。結局国葬って、その時々の権力者の政治的な思惑でおこなうものなのだ。

岸田首相は安倍氏の国葬を表明することで自身の政治的評判を上げるための思惑や野心を見せたものの、肝心の賭けには敗れたというのが今回の「国葬のようなもの」の正体ではなかったか。

以上、「の・ようなもの」読み比べでした。

（初出：朝日新聞社「月刊Journalism」2022年11月号）

コントラスト強めなスポーツ紙の国葬報道で辛辣だったのは？

●「ザ・国葬」モードのサンスポ

スポーツ新聞といえば社会面も読みどころです。世の中で大きな出来事があると一般紙は何面にもわたって細かく報じますが、スポーツ紙はポイントがわかりやすくて見出しもキャッチー。まずスポーツ紙の社会面で「世の中の気分」をおさえてから、一般紙をじっくり読むという順番もおススメです。

２０２２年9月27日は安倍元首相の国葬がおこなわれました。直前まで世論も賛否が割れていたこの案件。スポーツ紙はどう伝えたのでしょうか。国葬翌日（9月28日）の紙面を見てみよう。

まずサンケイスポーツ。『悲しみと感謝　日本武道館にあふれ　安倍元首相国葬』『献花の大行列　途切れぬ弔意』と、20面と21面を使って報じていた。『「国葬反対」デモ隊も』は20面の端っこにあった。

サンスポは系列の産経新聞が国葬に合わせて、紙面に掲載する安倍氏の追悼広告をクラウドファンディングで募集していた。そんなことも併せて考えると論調としては「ザ・国葬」モードという感じ。

●菅前首相のバイト先・報知の〝菅推し〟

続いてスポーツ報知は、『55年ぶり戦後2例目　安倍元首相国葬　賛否の中厳戒態勢』。こちらも2面にわたっていたが、報知が大きく取り上げていたのはこの人。

『菅前首相弔辞に会場が拍手』

菅義偉氏の弔辞の要旨を大きく掲載していた。政治ジャーナリスト田崎史郎氏による「今回のハイライト」というコメント付き。「菅と報知」といえば、菅氏が法政大学の学生時代に報知でバイトしていたというのが報知の「売り」である。２０２１年暮れには菅氏が社会面大賞という企画を「受賞」していた。

『報知社会面大賞!!　菅前首相「えーウソ!?　……感動しております」総裁選よりコロナ対策優先 手腕再評価の声も』（スポーツ報知・２０２１年12月29日）

というわけで今回も報知の〝菅推し〟を味わいました。

続いてデイリースポーツは、『分断生んだ安倍氏国葬』『菅氏弔辞に昭恵さん涙』で、分断という文字が目立ちます。

東京中日スポーツは16面で『2万人動員　最高レベルの警戒態勢』。騒然とした感じが伝わってくる。

日刊スポーツもぶち抜きの2面構成で、『賛否割れたまま安倍氏国葬　岸田政権への反発必至か』とあり、見出しの文字が他紙よりひときわ大きかった。10月の臨時国会は旧統一教会問題が最大テーマになると書いていました。

日刊スポーツの名物コラム「政界地獄耳」のこの日のタイトルは『首相・岸田文雄の判断ミスを総括　誰のための国葬だったのか』。

《7月22日に国葬の閣議決定。このころには国葬の法的根拠が問われ始めており、一方で説明すればするほど世論調査は反対が増えていった。官邸は学校は休みにしない、国民に弔意は求めないなど規模の縮小に努め、国葬という名の限りなく内閣・自民党葬の拡大版程度に収めようとしたが、結果、中途半端な印象を国民に与えた。》

費用についても「国葬が終わったあとに公表する」と言ってみたり、不信感が募ると結果的に公表せざるを得なくなったりと、とにかく迷走。「誰のための国葬だったのか」と書いてコラムは終わる。

●「最後」連発の激辛論調

さて、国葬を報じるスポーツ新聞のなかでもっとも印象的だったのはスポーツニッポンだった。〝最後〟というキーワードで見出しを並べたのだ。『昭恵夫人〝最後〟まで夫を愛し』、そして『岸田首相〝最後〟が見えてきた？』です。

岸田首相の最後って何？と思いながら読むと、まず首相の追悼の辞に対して、

《首相の言葉は秘書官や官邸スタッフが書いたのか、菅氏とは対照的に心を打つものがなく、存在感のなさが際立った。》

厳しい……。支持率低下に関しては、

《墓穴を掘った最大の要因は、主権者である国民の代表がいる国会を関与させず突き進んだ点だ。》

岸田首相がこだわった弔問外交は〝後付け〟であり、

《顔触れはイマイチ。効果は不発となりそうだ。》

そして締めはこれ。

《延命策のつもりだった国葬を強行した「9・27」は、後に岸田政権の終わりの始まりと評される日になるかもしれない。》

ああ、〝最後〟ってこのことか。スポーツ紙の国葬報道ではスポニチのこの記事が最も厳しかった。こうしてみると時の為政者である岸田首相は、従来からの伝統である内閣・自民党による合同葬だったものをあえて国葬にするという政治的判断をしたが、その〝賭け〟に敗れたという評価が見えてくる。

10月からは国会が始まります。今回各紙が報じた「国葬のようなもの」のセレモニーについて、どんな議論がおこなわれるのか。終わってから始まるというのは、東京五輪の〝今〟となんだか酷似している気がします。

（初出：「Number web」２０２２年10月２日）

第3章

今、地方がおもしろい！

私が地元紙も読む理由

●「寄り添う」という言葉に漂う他人事感

最近気になるフレーズがある。「寄り添う」という言葉だ。政治家はよく使う。たとえば「国民に寄り添う」とか「沖縄に寄り添う」とか。

やさしそうだけど他人事のように聞こえるときもあってザワザワする。その場だけのようにも思えたり、上から目線にも感じてしまう。使う人によってはむしろ距離の遠さを証明しているような言葉だ。

神戸新聞元記者でノンフィクションライターの松本創さんは、著書『地方メディアの逆襲』（2021年・ちくま新書）で、地方メディアには強みが3つあると述べている。

「現場があること」
「時間があること」
「当事者性があること」

現場や当事者性というのはつまり、記者も送り手の前に地域の共同体の一員であるということだ。さまざまな政策は東京の永田町や霞が関で決まるとしても、実行される現場は地方にある。

《現場があるということは、具体的な課題や困難に直面する人びとがそこにいるということだ。》（『地方メディアの逆襲』）

この本では地元紙のいくつかに密着していた。たとえば「秋田魁新報」。陸上配備型迎撃ミサイルシステムの配備候補先が秋田だと東京発のニュースで知って、地元記者は戸惑う。全国紙からしてみれば「秋田」や「新屋」は遠い場所であり、記号にしか過ぎないだろう。

《だが、地元紙は違う。徹底して地域に立脚し、その視座から世界の安全保障問題に向き合っていくしかない。（略）イージス・アショアについて日本で一番詳しい新聞になろう。そのためにやれることは何でもやろう。》（同前）

その結果、政府の新屋ありきという計画ゆえの「ずさんデータ」を突き止める。読んでいて思ったのだけど、秋田魁新報の記者が最初から防衛問題に詳しかったらあのスクープは生まれなかったのではないか。読者と同じような知識レベルからだから何でも調べることを決意し、積み上げ、素朴な疑問を問い続けたからこそたどり着けたのではないか。その姿勢は頼もしいし、何より親近感がある。

ここには「寄り添う」という言葉はない。自分たちの「切実」であるからだ。地元紙の役割そのままだ。地域の話題に踏み込み、議論を喚起し、人びとの生活がよくなるような手助けをする報道スタンスのことを「パブリックジャーナリズム」というらしい。

一方で実感するのだが、地方メディアは実はその地域でナンバーワンの権力でもあったりする。県民のシェア率が高い地元新聞社は、テレビやラジオも抱える巨大な存在である。地元紙の中にはオーナー一族から政治家まで出し、その政治家を紙面で推しつつ、マイナスな報道は小さく扱うという、たとえば「四国新聞」のような存在もある。

地方でやりたい放題のメディアにも注視し、全国でオープンに語っていくこともおもしろい試み（エンタメ）になる、と私は最近確信している。

●中国新聞の「裏金」スクープは数年前から

というわけで地元紙にもいろいろあるのですが、あの本の続編が出たのです。『ばらまき』の文庫版です。著者は、中国新聞「決別 金権政治」取材班。

2021年に出版された『ばらまき 河井夫妻大規模買収事件 全記録』（集英社）は、2019年の参院選広島選挙区を舞台にした買収事件の記録でした。今回はそのあと3年間の報道も含まれた文庫版で、タイトルは『ばらまき 選挙と裏金』（集英社文庫）。

実は3年前の本は、最後にミステリーのような読後感を残していた。当時、自民党本部から河井案里側に1億5千万円が振り込まれていたことが注目されたが、中国新聞は取材を積み重ねる中で行き着いた結論があった。

「1億5千万円はばらまきの原資ではない」。

では、買収資金はどこから出たのか。ああ、ミステリーのドキドキ感。

『ばらまき 河井夫妻大規模買収事件 全記録』から抜粋します。

《克行がばらまいた現金には、奇妙な共通点があった。現金を受け取ったという地方議員や首長から「新札だった」との証言が相次いでいたのだ。

（略）

「政界には何に使われたかわからないカネがある。官房機密費が使われたのではないか」元衆院議員で、民主党政権時代に法務大臣を務めた弁護士の平岡秀夫（67歳）はこう推測する。》

出た――、官房機密費！　当時から興奮しましたが、そのあと読み直すと今話題の「政策活動費」にも触れていたのだ。

「政党にも使途報告書が不十分なカネがある。最たる例が政策活動費」だと。政治家個人に提供した場合、その政治家に使途報告の義務はない。その例として自民党の２０１９年の政治資金報告書を挙げている。

《党幹部18人に計13億円の政策活動費を支出。うち10億円は幹事長の二階に渡っていたが、何に使ったかは明らかにされていない。》

官房機密費と政策活動費。こうしたカネは表に出てこない。政権中枢の「表に出ないカネ」が河井夫妻に提供され、買収の資金に充てられた疑いがある。あくまで疑いだが、中国新聞は自信を持っているようだと当時の読後に感じた。

●地元紙にもいろいろある

そして今回の文庫版です。単行本の内容に加えて新章が追記されている。3年前の単行本の最後で「事件はまだ終わっていない」と強調していた。確かにあれは「前半」で、今回加筆した新編は見事な「後半」になっている。そして見えてきたのは「選挙の裏金」だったのである。

この3年間の中国新聞のスクープは、2023年秋から大きく報道されている自民党派閥の「裏金」問題と見事にリンクしていたのだ。

象徴的なスクープが、2023年のこちらだ。

『買収原資か　メモ押収　総理2800　すがっち500　幹事長3300…　河井元法相宅で検察』（中国新聞・2023年9月6日）

このメモは、当時の安倍晋三首相が2800万円、二階俊博自民党幹事長が3300万円、菅義偉官房長官が500万円、甘利明党選挙対策委員長が100万円を、現金で河井陣営に提供したとうかがわせる内容だった。

そして中国新聞の取材に答えたのが甘利氏だった。河井氏へ100万円を渡したと認め、「他の候補にも一律に持って行っている。（原資は）党からのお金」と説明していたのだ。

中国新聞の記事は『全国に「裏金」』を証明したことになる。
ちょっとだけネタバレさせてもらうと、「総理２８００すがっち５００　幹事長３３００　甘利１００」のうち、幹事長と甘利氏の分は「政策活動費」、安倍総理と菅官房長官の分は「機密費」ではないか？というのが、『ばらまき』文庫版の読みどころであった。つまり、裏金の二刀流である。
それにしても、地元紙にはいろいろある。中国新聞は裏金やら機密費についてずーっと取材してきたのですが、２０２３年11月を思い出してください。馳浩石川県知事が機密費で五輪アルバムを委員に配ったとペラペラしゃべった件です。
すると地元の北國新聞は、
《当時の安倍派会長として馳氏の初当選のため尽力した安倍氏への恩を、あだで返すことにならないか。》（北國新聞・2023年11月20日・政治部長コラム）
と書いていたのだ。叱る角度が違いすぎませんか？
さらに北國新聞の１面コラム「時鐘」にも驚いた。11月22日分で馳発言を取り上げてい

たのだが、

《「機密」を口にしたら身も蓋もない。触れない方がいいことには触らない。伏せておくことは、しゃべらない。それで世の中は成り立つ。》（同11月22日・一面コラム「時鐘」）

と書き、「それを言っちゃあ、おしまいよ」と映画『男はつらいよ』の寅さんのセリフを引用していたのだ。本当に叱り方の角度が違う。何から何まで中国新聞と違いすぎる！まさに地元の権力者の視線そのものだったのである。

地元紙にはいろいろある。だからウオッチしがいがあるのですが。

（書き下ろし）

自民党平井氏の〝税優遇リスト〟を報じない四国新聞社の驚きの言い分

●政治家一族が新聞とテレビを持っている香川県

政治家の世襲がよく議題になる。政治は私物ではないからだ。では政治家の一族が地元メディアを経営していたらどうだろう？　新聞でその政治家を絶賛していたら？　一族にとって都合のいいニュースは大々的に、都合の悪いニュースは報じないという「報道」をしていたら？　北朝鮮じゃあるまいし、と笑うかもしれないが、これから書くことは日本の話である。

先日、自民党広報本部長の平井卓也氏が、総裁選のポスターとウェブ動画「THE MATCH（ザ・マッチ）」を発表した。平井氏は香川1区（比例四国ブロック）選出の衆院議員だ。父と祖父は参議院議員で、どちらも地元紙「四国新聞」の社長を務めていた。

現在の四国新聞の社主は平井氏の母であり、社長は弟である。一族はテレビ局の西日本放送を経営し、平井卓也氏は29歳から41歳まで社長を務めていた。香川県では政治家一族が地元の新聞とテレビを持っている。

そうなると政治報道はむしろ公平さに気を配ると思うのだが、四国新聞は〝平井推し〟を隠さない。

忘れられないのは平井氏が初代デジタル大臣に就任した翌日の四国新聞である（2020年）。

一面にデカデカと『初代デジタル相　平井卓也氏に聞く』とぶち上げ、平井氏が笑顔でインタビューに答えている。『国民目線で改革』『透明、公正、迅速に』という見出し。まるで国民の祝日のような紙面づくり。

就任1か月を報じる紙面では『政策推進　急ピッチ』とまたも絶賛で、隣りのページには平井氏の大臣就任を祝う地元企業の広告をずらりと並べていた。驚いた。これは本当に「新聞」なのか？　一族の私物化ではないか？

驚愕の紙面はさらに続く。平井氏が大臣就任後に「初めて帰郷」したことを伝える紙面だ。『祖父、父の墓前で意気込み』との見出しで、社会面にこれでもかと大きく載せていた。

既視感があるなと思ったら、金正恩、金正日、金日成ファミリーのエピソードを伝える「地元報道」だ。四国新聞、負けていない。

●平井氏の不祥事と「香川1区」の衝撃スクープ

ところが、平井氏はデジタル大臣を1年で退任してしまう。四国新聞しか読んでいない人は不思議に思っただろう。

実は、その1年のあいだ四国新聞以外では、デジタル庁と平井氏の不祥事が大きく報道されていたのだ。少し挙げてみよう。

『「徹底的に干す」「脅しておいて」平井大臣、幹部に指示』（朝日新聞デジタル・2021年6月11日）

『【新音声入手】親密企業の参入を指示 平井卓也デジタル相に官製談合防止法違反の疑い』（週刊文春・2021年6月24日号）

『デジタル庁次官級を接待で処分 3回12万円、平井氏も同席』（高知新聞・2021年9月24日）

出るわ出るわ、醜聞と疑惑のヒットパレード。この影響もあったのか、平井大臣は1年で退任。

すると四国新聞は退任インタビューを載せ、『既得権益との闘い続く』と、まるで悪と闘い続けたヒーローのように伝えていた。最後まで褒めちぎっていたのだ、身内を。

四国新聞の特徴は平井氏を絶賛するだけではない。平井氏の選挙区でのライバル・小川淳也氏に対しては厳しく、あの手この手でネガティブに報じるのも特徴。

しかも本人には取材をしないで書く。選挙が近づくほどこの手の記事は多くなる。政治家一族が地元でメディアを経営する危うさの博覧会なのである。

小川淳也氏に密着したドキュメンタリー映画『香川１区』の大島新監督は、高松市の中心部で商店を営む経営者から「この街で商売をやっている以上、四国新聞は敵に回せない」という証言を得たという（文藝春秋・２０２１年11月号）。

先述した、平井氏の大臣就任を祝う地元企業の広告紙面の意味も考えてしまう。

さらに『香川１区』には衝撃的なスクープがあった。平井議員が代表を務める「自民党香川県第一選挙区支部」による政治資金パーティーの案内の内容だ。

香川県内の企業で経理を担当する女性は、この開催案内に付けられた「チケットご購入依頼の件」とする文書を読んで驚いた。１枚２万円のパーティー券を10枚、20万円という金額を記した上で、その下に「ご出席依頼人数3名」と案内されていたのだ。

神戸学院大学の上脇博之教授は、ＫＳＢ瀬戸内海放送にて「これはもう限りなく弱い立場の会社にパーティー券を強制的に買わせている可能性があるなと。さらに、10人分パーティー券を買わせておいて3人しか参加を認めないということは、7人分は寄付なんですね。ところが、寄付とパーティー収入を分けてどうも書いてないんですね。となると、これは悪質だろうと」と発言。

上脇教授はこの映画をきっかけに刑事告発した。まさに現在の自民党の裏金問題につながる話である（高松地検が再捜査を行っている）。さらに平井氏を巡っては、本人が1000万円を党支部に寄付し、税優遇を受けたことを報じられた。

●平井氏だけではなかったカネの問題

しかし！　カネの問題は平井議員だけではなかった。8月17日、毎日新聞が一面トップでスクープを放った。

『平井氏親族も税優遇疑い　自民支部に4000万円寄付』

《自民党の平井卓也広報本部長の親族3人が2020～21年、計4000万円を平井氏が代表を務める党支部に寄付し、所得税の一部を控除される税優遇を受けた疑いがあることが判明した。》

租税特別措置法では、個人が政党などに寄付した場合、寄付額の約3割が税額控除されるか、課税対象の所得総額から寄付分が差し引かれる。しかし、税制に詳しい専門家は「そもそも政治家の一族の節税のために作られた制度ではない」と述べている。

実はここで書かれている平井氏の親族には「四国新聞社主の母親」も入っている。公平性が求められるマスコミが、息子が所属する政党に寄付をして税優遇まで受けていたことになる。

四国新聞は地元や身内に関わる記事なので詳しく調べて報じるのか注目した。しかし、やはりというべきか2週間以上たっても報道しない。何事もなかったように。

そこで私は、文春オンライン編集部から質問状を送付した。

（1）毎日新聞は8月17日朝刊1面で、平井卓也衆院議員の親族が自民党支部に4000万円を寄付し、税優遇を受けている疑いがあることを報じました。香川1区選出の平井衆院議員のこうした報道は、県民からの関心も高いかと存じますが、貴社は本日まで報道されていません。貴社は、この問題についてどのように捉えられているかご教示ください。

（2）貴社の社長や社主は平井卓也議員と血縁関係にあるということで、報道機関が担う「権力の監視」が果たされているか不安におもう声や、中立性を心配する声もあります。こうした状況で、どのように報道機関としての役割や中立性を担保されているかご教示ください。

四国新聞の回答は次のとおりである。

（1）毎日新聞が独自取材で選管に文書開示請求をしたうえで、記事を掲載していることは承知していますが、現時点では毎日新聞以外の新聞社、通信社、地元の放送局は報道に至っていないと認識しております。個別の案件に対するお答えは差し控えたいとは存じますが、今回の事案に限らず、報ずべき事実が確認できたときは記事を掲載したいと考えています。

（2）経営陣が記事や論説の内容に介入することはなく、編集権は経営から独立しています。ご質問のご指摘は当たらないと考えています。

つまり、毎日新聞が勝手に調べただけだから、オーナーのこととはいえウチはやらないもんね、という態度が見える。

この回答を何人かの新聞業界の人に見てもらうと、「今回の件はオーナー家と編集局が対立してしまわないかと思って見てましたが、その心配はなさそうですね（苦笑）。現場でも自浄作用は働きそうもありませんね」という感想が印象的だった。

そう、私が不思議なのは現場の記者たちだ。地元紙オーナー一族から政治家が出た例は四国新聞以外にもある。しかし、編集は独立し尊重されるのが当たり前。ところが四国新聞の紙面からはオーナーへの忖度しか感じない。

記者たちはなぜジャーナリズムの世界に飛び込んだのか？　安定を求めて新聞社に入っただけなのか。それでは地元の読者に失礼だ。

それとも、経営陣の締め付けがそれほど強いのだろうか。四国新聞はどこかに置いてきたメディアの自覚を社員総出でもう一度探してみたらどうか。

なお、２０２３年には日付も間違えるという「報道」もしている。誰にでもミスはあるが間違えすぎだ。地元紙としてしっかりして欲しい。

（初出：「文春オンライン」２０２４年9月10日）

山梨県による「異例の忖度」騒動の顛末は？

●「拒否された1社」とは？

ここ1か月、私が興味を持って追いかけていたニュースがあった。第一報がこちら。

『山梨県、知事への裏金質問封じ 応じない1社の取材を拒否』（共同通信・2024年2月21日）

《山梨県が、報道各社による長崎幸太郎知事への個別インタビュー取材を巡り、自民党派閥の政治資金パーティー裏金事件に関連する質問を扱わないよう求めたことが21日分かった。》

なんと、要請に応じなかった1社が取材を拒否されたという。山梨県政記者クラブは長崎氏宛てに抗議文を提出し「意に沿わない報道に圧力をかけた」と批判。

この記事では山梨県の要請も大問題だが、「1社以外は県の要請どおりに裏金の質問をしなかったのか?」という疑問も浮かぶ。ちなみに取材拒否された1社とはテレビ山梨（UTY）だった。地元の民放テレビ局でTBS系列だ。

テレビ山梨は自局ニュースで、

「収支報告書の不記載に関する質問はしないでほしい」

「この質問をやめてもらわなければ知事のインタビューをお受けすることは難しくなる」

と2月7日に県の担当者から告げられたとし、

《テレビ山梨は報道機関としての自主独立性の確保と県民の関心に応える責務から、県側の要請を受け入れることはできないと回答しました。そのため今回、知事にインタビューを受けていただくことはできませんでした。》

と報じた（2月21日）。

この件を受けて新聞労連は『地方自治体で相次ぐ「質問封じ」に抗議する』（2月26日）と声明を出した。山梨県だけでなく徳島市でも同様の事案があるとして、

《山梨県と徳島市の事案に共通するのは、首長の取材に対する消極的な姿勢です。》

と指摘した。

●地方自治体に忖度がまん延？

山梨、徳島とも首長による直接の取材拒否の指示は確認されていないが、公人としての説明責任に背を向ける首長の姿勢が広報担当者に伝染して、トップの顔色を窺う忖度が自治体にまん延していると問題視している。

代表的な例として、

《石川県の馳浩知事は、地元民放局が制作したドキュメンタリー映画の内容に対する不満を理由に23年3月以降、定例記者会見を開催せず、自身の都合で行う随時開催に切り替えています。》

石川県の馳浩知事に言及していた。権力者が堂々と会見拒否している異常事態が石川県で続いている。

ここで気になるのは地元紙の対応だ。石川県の北國新聞は馳知事の態度に声を上げていない。〝地元の権力者同士〟として仲睦まじく、他メディアの状況は気にならないようなのだ。

では山梨県の地元紙・山梨日日新聞はどうなのか。県からの要請を受け入れたのか？ 調べてみたら2月17日の一面トップで知事のインタビューを載せていた。次の一節に注目してほしい。

《山梨日日新聞は裏金などの認識などについて聞いているが、長崎知事は「質問自体がナンセンス」と述べ、明確な回答をしていない。》

あ、ちゃんと裏金のことを聞いていた。では新聞の次はテレビだ。取材拒否されたというテレビ山梨のほかに県内にもう1局ある。山梨放送（ＹＢＳ）だ。日テレ系列で山梨日日新聞のグループ企業でもある。

私は山梨放送でラジオ番組をやっているので、スタッフを通じて報道部記者に取材を申し入れた。記者から30分ほど聞き取りした内容をまとめてみる。

・結論から言うと山梨放送も知事インタビューで裏金のことを聞いて放送していました。

・県から裏金について質問するなという件は、ニュアンスとしては「要請」と言うより「相談」という感じだった。でも相談だろうが何だろうが県側がメディアの質問に立ち入るのはダメ。ありえない。
・何を言われようが質問するつもりでした。県側に言われたから聞かないというほうがおかしい。信じられない。

以上のように、山梨放送も裏金のことを知事に質問して報道していた。ではなぜテレビ山梨だけが取材拒否されたのだろう？

●県側の言い分は？

気になるのは毎日新聞の山梨版にこんな一節があったことだ。県側の言い分として、「県が拒んだのではなく、インタビューを辞退したと認識している」

んんん？　なんだかややこしくなってきた。もしかしてテレビ山梨VS長崎幸太郎知事には何か事情があるのだろうか？

こればかりは長崎知事とテレビ山梨に聞いてみないと両者の感情はわからない。しかし万一、知事が個人的な感情で特定のメディアに厳しいなら、まるで石川県の馳浩知事である。知事の意図ではなく県広報が質問削除を要請していたとしても罪は重い。今回の最大の論点はやはり「山梨県広報の知事への忖度」なのである。

では騒動の直近の動きを紹介する。

『〝質問封じ〟一転謝罪 知事不記載問題 県「対応に落ち度」』（山梨日日新聞・3月13日）

山梨県は「規制は到底あり得ない」と当初否定していたが、12日に落ち度を認めた。しかし県は長崎幸太郎知事の責任には触れていない。今回の騒動はそもそも長崎知事が裏金問題を問われて「質問自体がナンセンス」などと言って答えてこなかった態度に原因がある。説明しないのでかえって全国に知れ渡ってしまった。マヌケな対応である。

さて、県による質問封じ要請で、ある新聞社の記事が目に留まった。朝日新聞・山梨版の説明を最後に載せておこう。

《県側から政治資金問題について質問しないよう要請がありましたが、了承はしていま

せん。》（2月23日）

うん、そうだろうな。で、次。

《弊社の主要な取材目的は、就任6年目を迎える知事がどのような政策に力を入れるのかを紹介することでした。そのため政治資金問題については質問していません。》（同）

聞いてないんかーい。

朝日はこの問題については今後も記者会見で問いただすと締めていた。しかし、いろいろ御託を並べていたが、今回のインタビューで裏金問題を聞かなかったことは事実だ。県の「要請」をきちんと受け入れた新聞がここにあったのである。

（初出：「文春オンライン」２０２４年3月19日）

新聞探偵が追う「テレビ山梨VS長崎知事」の本当の構図

●なぜテレビ山梨だけが取材拒否？

ここ1か月、私がラジオやコラムでネタにしてきたニュースがあります。

『山梨県、知事への裏金質問封じ 応じない1社の取材を拒否』（共同通信・2月21日）

驚きますよね。県の要請に応じないために「取材拒否」にあったのがテレビ山梨（ＵＴＹ）でした。地元の民放テレビ局でＴＢＳ系列です。

共同通信の記事を読んだら「テレビ山梨以外は裏金の質問をしなかったのか？」という疑問も浮かびました。まさか、石川県の知事と北國新聞みたいに地元の権力者同士がズブズブなのか？　そんな懸念が一瞬思い浮かんだのです。

さっそく地元で最大シェアを誇る山梨日日新聞のバックナンバーを調べてみたら、２月

17日の一面トップできちんと裏金問題のことを報じていたのだ。あれ……？

では今度は山梨放送（ＹＢＳ）です。日テレ系列で、山梨日日新聞のグループ企業です。私は山梨放送でラジオ番組『キックス』をやっているのでスタッフを通じて報道部記者に取材を申し入れました。すると山梨放送も知事に裏金のことを聞いて放送していたというのです。

となると、最初に共同通信の記事を読んだ印象とはだいぶ違ってくる。『応じない１社の取材を拒否』という見出しは間違いではないけれど、やや誤解を招きやすいものだったことがわかります。もしかしたらバズるために「えっ？」というわかりやすい見出しにしたのかもしれません。

ここまでは前項のおさらい。ポイントはここからです。

もう１点大きな疑問が残るのだ。それは、「ではなぜテレビ山梨だけが取材拒否されたのだろう？」という謎です。本当に疑問ですよね。

実は私は、現地で次のような下世話な解説も耳にしていました。

「山梨では堀内家（現在は堀内詔子）VS 長崎幸太郎という因縁の保守政治家対決がある。

堀内家は富士急行の創業者であり、富士急行はテレビ山梨の筆頭株主でもある。そういった関係性の余波もあるのでは？」

つまり、長崎知事は宿命のライバル堀内家が大株主にいるテレビ山梨を目の敵にしていたのでは？ という見立てです。「下世話な解説」と書きましたが、この解説をしてくれた人は、「大株主であることはオープン情報でだれでも確認できるし、こっち（山梨）ではみんな承知のことですよ」と普通に語ってくれました。

こうなると、「テレビ山梨 VS 長崎知事」の構図が一気にわかります。念のために書いておきますが、どんな理由があれど知事が特定のメディアを拒否するのはアウト。絶対にダメです。

●長崎知事 VS 堀内家の因縁

長崎知事 VS 堀内家の因縁をおさらいしましょう。ＮＨＫ政治マガジン（現在はＮＨＫ ＮＥＷＳ ＷＥＢに統合）の２０１９年の記事『富士山麓に雪どけ来るか』（２０１９年１月30日）から抜粋します。

《堀内家は、富士北麓を基盤に鉄道事業や観光業を展開する「富士急行」のオーナー一族だ。通産大臣や自民党総務会長を歴任した故・堀内光雄など、4代にわたって国会議員を輩出してきた。この堀内家と争ってきたのが、長崎幸太郎だ。発端は、2005年の郵政選挙。堀内詔子の義父・光雄が郵政民営化に反対したため自民党公認を得られず、そこに刺客として送り込まれたのが長崎だった。光雄が約900票差で辛くも勝利したが、長崎は比例復活し初当選。ここから両者の戦いが始まったのだ。》

ほら、ほら、これだけの因縁があるのです。この構図だけではありません。現在もリアルタイムで、山梨県では長崎知事が堀内家に「仕掛けている案件」が話題なのです。こちらです。

『県回答求める　県有地賃料　2倍超提示　7億3000万円　富士急「困惑」』（山梨日日新聞・3月16日）

山梨県が富士急行に貸し付けている山中湖畔の県有地があるのですが、賃料について、山梨県が現在の2倍以上となるおよそ7億3000万円と提示したというのです。

富士急行を特別扱いしないという大義名分にみえますが、裏から見れば「長崎知事VS堀内家」がここでも勃発してるわけです。

ではこのニュース、富士急行が大株主のテレビ山梨はどう伝えているでしょうか。

『「受け入れは困難」富士急行は法的手続き求める　県有地賃料　現在の2倍以上を提示の山梨県に回答』（UTYテレビ山梨）

《富士急行は大幅な増額の受け入れは困難とし法的手続きの中で決めることを求める回答をしたことが分かりました。》

気のせいか、富士急行側の視点ですよね。

それにしても長崎知事は露骨です。裏金問題について問うた山梨日日新聞に「質問自体がナンセンス」とぬけぬけと述べ、明確な回答をしていない人です。かなりヤバい政治家だと思います。

一方で、堀内家の現在の政治家は堀内詔子氏なのですが、思い出してください。この人は新型コロナウイルスのワクチン担当相をしていたとき、国会での答弁がフワフワすぎて話題になった人です。答弁が素人同然でした。「堀内家」という、いわば世襲で当選しているのですから呆れます。

長崎幸太郎にしても堀内詔子にしても、どちらにも思い入れができないままバチバチやってるのだ。ああ。

●取材拒否ではなく辞退だった？

そうそう、こんな気になることもありました。長崎知事側に取材拒否されたとして全国的には「英雄視」されたテレビ山梨ですが、毎日新聞・山梨版には次の一節があったのだ。山梨県側の言い分として、

《県が拒んだのではなく、インタビューを辞退したと認識している》（2月28日）

え、取材拒否ではなく辞退？　県のこの言い分が本当だとすると、テレビ山梨側は裏金

の質問削除の「要請」を拒否して「ああ、そうですか、それなら辞退します」とあっさり辞退したことも想像できる。

何度も言いますが、メディアに質問の削除要請をする山梨県側がアウトです。その前提を忘れてはいけませんが、下世話的にみるとテレビ山梨がさっさとインタビュー取材を「辞退」していたら？　という見立ても重要です。で、その結果として共同通信に取材拒否されたのは1社だけと報じられたら？

細かい事情を知らない、私を含めた全国の人はテレビ山梨を「英雄視」するだろう。対長崎幸太郎で一撃をくらわすことができる。そんな計算や駆け引きがあった可能性もここでは書いておきたいのです。

最後に、ここで前項の行間の答え合わせをしておきましょう。前項には、私が取材した山梨放送報道部のこんな言葉を掲載しました。

・何を言われようが質問するつもりでした。県側に言われたから聞かないというほうがおかしい。信じられない。

いかがでしょうか。普通に読めば、メディア論としての言葉に読めるでしょう。しかし「何を言われようが質問するつもりでした」という部分を、山梨放送から見たテレビ山梨へのアンサーだと思って読んでみてください。

「なんで質問を削除されたからといって辞退するの？　メディアならそれでも質問しないとダメでしょう」

そんな思いにも読めませんか？

（初出：「プチ鹿島メルマガ」２０２４年3月25日号）

第4章

ジャニーズ問題とメディアの沈黙

事務所の感覚の古さと、新聞報道の他人事感

●「あの騒動」を想起したジャニーズの感覚の古さ

ジャニーズ事務所の創業者・ジャニー喜多川氏による性加害問題について、藤島ジュリー景子社長が2023年5月14日に動画と文書を公表した。翌日からどんな報道があったのか読み比べをしてみます。

まずその前にジャニーズ事務所の対応について書いてみたい。動画と文書を公表した翌日は新聞休刊日だった。ネットなどでは、事務所側は新聞休刊日を狙ってダメージを抑えようとしたのでは?という見立てもあった。

しかし、本当にそうだとしたら感覚が古くないだろうか。SNSでは休刊日など関係ないし、新聞もデジタル版で最新ニュースが刻々と配信される。事務所側はネットの影響力を想像できていない感じがする。これはあの騒動のときと同じだ。

あの騒動とは、2016年1月18日の『SMAP×SMAP』(フジテレビ系)での謝

罪生放送のことだ。当時、ＳＭＡＰ解散騒動があって事務所側は沈静化を考えたのか、生放送でメンバーに言葉を述べさせた。

あるメンバーは「今回、ジャニーさんに謝る機会を木村君が作ってくれて、今、僕らはここに立ててます。５人でここに集まれたことを安心しています」と述べた。この模様は木村拓哉以外のメンバーへの「公開処刑」とさえ言われ、ＳＮＳでは批判が噴出。

私が驚いたのは、事務所側はあの生放送で一件落着と考えたのか……ということだった。確かに翌日のスポーツ紙はそんなムードだったが、コントロールできないメディアがある現実を事務所側はわかっていないのだろうか、と不思議だった。

あのときの一般の声の広がりは、「アラブの春」（中東での民主化運動）を思い出させたほどだ。事務所側はあの経験を忘れたのだろうか。

なので今回、新聞休刊日を狙ったなら相変わらずメディアに対する感覚が古いと感じたのである。もし休刊日は関係ないとしても、会見をおこなわずに一方的に動画と書面だけを公開したらネットで呆れられる、という予想はできなかったのだろうか。

●事務所が動くまでメディアも動かない

では報道を見ていこう。新聞休刊日といっても、実はスポーツ紙は駅売り版を発行していてコンビニでも買える。社長の動画公表の翌日、スポーツ報知は芸能面でジャニーズ事務所の今回の動きについて解説を載せた。

《スポンサーから説明責任を求められた》
《裏方であるジュリー氏が自らの言葉で説明しなければ収拾がつかないほど、問題は大きくなっていた》

解説の見出しは『ネットを中心に収拾つかないほどに』。まさに歴史は繰り返す。スポーツニッポンとサンケイスポーツは1面で伝えた。

『ジャニーさん性加害問題に公式謝罪　ジャニーズは「異常」だった』（スポーツニッポン）
『故ジャニー喜多川氏性加害問題　ジャニーズ社長　謝罪』（サンケイスポーツ）

ここでスポニチがいう「異常」とは、ジュリー社長が書面で答えた事務所の体制のこと。創業時からジャニーとメリーの二人体制だった歴史に対して、

《私自身その異常性に違和感を持つことができなかったわけで、ただただ情けなく、深く後悔しております。》

と社長は答えていた。

スポニチはこの部分から「異常」というワードを見出しにもってきたのだが、性的な「異常」イメージを連想させるやり方にも見えた。

えげつない手法で批判しているように見えるが、しかし思い出すのは約1か月前のことだ。元ジャニーズJr.のカウアン・オカモト氏が日本外国特派員協会で会見をおこなった際、翌日の朝刊スポーツ紙は見事にスルーしていたのである。

今回は一転して大々的に報じているように見えるがこうも言えまいか。ジャニーズ事務所が動くまでメディアも動かない構図は今までと同じだ、と。事務所が動いたからスポーツ紙も動いただけ。新聞自体から率先して問題提起をしない。そんな現実を可視化していた。

●メディア検証が始まるのかと思いきや……

では、一般紙の社説を見てみよう。毎日新聞は『ジャニーズの性加害問題　社長は何も答えていない』、朝日新聞は『ジャニーズ謝罪　これで幕引き許されぬ』。両紙とも辛らつだ（ともに5月16日）。

毎日新聞は、

・肝心な点に関しては「ゼロ回答」に等しい。

・性加害の事実認定について明言を避けている。

・社内調査では限界がある。

朝日新聞は、

・なぜ記者会見を開いて社長が直接、疑問や批判に答えようとしないのか。

・今回の事務所の対応は、まさに「甘え」そのものだ。内向きな体質は変わっていないと言わざるをえない。

・調査は独立した第三者委に委ねる。経営刷新を強調するなら、具体的な行動で示す必要がある。

と書いていた。しかし気になるのは、毎日新聞の「問題にきちんと向き合ってきたのか、メディアも反省を迫られる」という部分。なぜ向き合ってこなかったのか、その部分こそ知りたいのだが。

ほかで印象的だったのは、信濃毎日新聞が『ジャニーズ性被害　まだ実態解明のとば口

だ』（5月17日）で、

・新聞やテレビは大きく扱わなかった。

・私たちメディアも試されている。

と書いていたことだ。まったく他人事に読める。

朝日新聞や信濃毎日新聞は、先月オカモト氏が記者会見で証言した際も社説で書いていた（4月15日）。

《メディアの取材や報道が十分だったのか。こちらも自戒し、今後の教訓としなければならない》（朝日新聞）

《メディアの責任は重い》（信濃毎日新聞）

ここまで書くなら、そのあとに「なぜ報じてこなかったのか」「どんな忖度があったのか」というメディア検証を始めるのかとひそかに注目していたのだが、そんな企画は今もない。結局のところ「何か言ってるようで言ってない」という社説しぐさが炸裂しているだけ。社説は単なるアリバイなのか。この1か月でさえ痛感する。

先月のオカモト氏の会見は、日本外国特派員協会でおこなわれた。その前にはイギリスのＢＢＣでこの問題が特集された。つまり、海外メディアで報じられたから国内メディアも仕方なく扱ったという流れがわかる。

きちんと問題に向き合うつもりがないなら、社説で偉そうなことを書かなければいいのに。

（初出：「文春オンライン」２０２３年5月23日）

新聞各紙は「マスメディアの沈黙」をどう報じたか

●「沈黙」の指摘に各紙の社説は？

ジャニーズ事務所の記者会見が2023年9月7日におこなわれました。新聞読み比べがライフワークの私としては、「マスメディアの沈黙」について新聞がどう報じたか気になります。「マスメディアの沈黙」とは、故ジャニー喜多川氏の性加害疑惑をメディアが沈黙してきたことについて、再発防止特別チームが指摘した言葉である。

報告書が公開された翌日、皮肉だったのは朝日新聞の1面だった（8月30日）。朝日に取材されたジャニーズ事務所は提言を「真摯に受け止め」と答えているのだが、その下のコラム「天声人語」はマスメディアの沈黙について、

《真摯に受け止めなければいけない》

と書いていたのだ。ジャニーズも朝日新聞も「真摯」そろい踏み。政治家の言い訳みた

いだ。寄ってたかって安く使われて「真摯」がかわいそう。

では、「マスメディアの沈黙」という指摘に関して、各紙の社説はどう書いたか。

朝日新聞は、

《朝日新聞を含むメディアは、報道や取引関係を通じて働きかけることができたのに、それをせず、社会の無関心を招いた。性暴力が深刻な人権侵害との認識を持てなかった過ちを、深く省みなければならない。》(8月31日)

「朝日新聞を含むメディアは」というが、ここは「朝日新聞は」でいいじゃないか。姑息だ。

毎日新聞と東京新聞は、

《重く受け止めなければならない。》(毎日新聞・8月31日)

《重く受け止めなければならない。》(東京新聞・9月5日)

重く受け止めたみたいだが、こういう場合「軽く受け止めた」と書くわけがない。

産経新聞は、

《この厳しい指摘には、抗すべき言葉もない。産経新聞をはじめとする新聞、テレビがこの問題の報道に及び腰であったことは事実である。》（8月31日）

ああ、「産経新聞をはじめとする新聞、テレビ」という言い方が、天敵・朝日の「朝日新聞を含むメディアは」に被ってしまっている。産経新聞としては失態ではないか。一方で「及び腰であったことは事実」という表現はリアルだ。その理由を丁寧に振り返ることで検証記事ができるのでは？

●コラムから漏れてしまった責任転嫁

読売新聞は、

《当時は、芸能界のスキャンダルであり、少年の性被害という取り扱いの難しい問題だったことも影響したのだろう。》（8月31日）

どこか「マスメディアの沈黙」について他人事だった。その代わりに今後は「『芸能界だから』は通用しない」と強く説教していた。ナベツネ（渡辺恒雄）の顔を思い出しながら読むと、この強気は納得である。

そうして約1週間後にジャニーズ事務所の会見がおこなわれた。あれを見て朝日新聞は本格的にヤバいと思ったのか、

《これまでの経緯の検証をしないままジャニーズに関わり続けることは、朝日新聞を含め、もはや許されない。》（9月9日・社説）

と書いた。すべての企業にも問いかけていた。

《自社が取引先の人権侵害にどう加担したのか検証し、是正を強く求め、履行状況を確認することは、今やあらゆる企業に課せられた社会的責務だ。》

メディアも慌て始めた様子が伝わってくるが、一方で注目したのは個人コラム。毎日新聞の専門編集委員・伊藤智永氏は「マスメディアの沈黙」について、

《メディア（媒体）には影響力も責任もあるが、受け手に黙殺されれば、それも成り立たない。見聞きしたくないことに目と耳と口を塞いできたファンと社会は、純粋中立な第三者と言えるだろうか。》

《服従と追従が自らの意思による支持だと思い込む人々が現れると、「帝国」は出来上がる。つまり、ファンと社会の沈黙が欠かせない。それ抜きにはメディアの沈黙も生じない。》（9月9日）

なんと「マスメディアの沈黙」はファンと社会の責任というのである。そう読める。社説では反省モードだったが、偉そうなベテランのコラムはこういうとき本音が見えるので参考になる。そもそも「受け手に黙殺されれば、それも成り立たない」というが、伊藤氏は「ウケるかどうか」だけで記事を書いてきたのだろうか？

●スポーツ紙と事務所の「近さ」

さて、ジャニーズ事務所の会見で私が注目したのはスポーツ紙の反応だった。２０１６

年に起きたＳＭＡＰ解散騒動のとき、「事務所との近さ」がわかる記事がちょいちょい出ていたからである。

たとえば、

《一刻も早くメリー副社長に直接謝罪するしかない。それがグループ存続への一歩になる。》（2016年1月18日）

とスポーツニッポンは書いた。これはジャニーズ事務所の代弁と考えれば味わい深かった。

ＳＭＡＰ解散が発表されたあとも驚異の情報戦は続いた。日刊スポーツは、メンバーで解散の話し合いをしようとしたことを載せた。

《しかしその場に木村の姿はなかった。今月に入って休暇を取り、家族を伴ってメリー喜多川副社長（89）らとハワイに長期滞在していた。》（2016年8月15日）

木村拓哉はメリー喜多川副社長（当時）らとハワイにいたので話し合いの席には不在だっ

たという。キムタクと幹部の近さが想像できる記事だ。

すると翌日のスポニチに驚きの記事が載った。

『メリー副社長ハワイ入り』（8月16日）

《ジャニーズ事務所のメリー喜多川副社長（89）が、11日にSMAP解散が正式に決定した後、休暇のためハワイ入りしていたことが15日、分かった。》

さらに、

《一方、木村拓哉（43）は今月初めにハワイ入り。家族とバカンスを過ごすことが目的で、メリー副社長らとは合流していない。》

いかがだろうか。スポニチだけを読んでる人は「だからどうした」という内容である。しかし前日の日刊スポーツの記事を知る人はギョッとする。一体どっちが本当なのかと。

つまり、スポニチの記事は日刊スポーツ記事の「火消し」だったのであろう。キムタクのイメージを守ったのである。

どちらの情報が正しいかわからないが、こんなことが起きるのはジャニーズ事務所のメディアコントロールが機能していたからだろう。この当時のスポニチは事務所と近かった様子がうかがえた。

では今回のジャニーズ事務所会見、スポニチはどう書いたか。

『〝父〟ジャニー氏の性加害断罪　東山新社長「鬼畜」』

『「人類史上最も愚かな事件」とも……バッサリ』（9月8日）

「鬼畜の所業」など、東山紀之新社長がジャニー氏の性加害について答えた言葉から見出しを付けていた。さすがに厳しい。一方で「断罪」「バッサリ」など東山新社長を褒めているようにも読める。

では東山体制はどうなるのか。変わるのか変わらないのか。会見というセレモニーだけで終わるのか。メディアは「なぜ報じてこなかったのか」の検証と同時に「これからどう報じるのか」も個別にチェックされるのです。

（初出：「文春オンライン」２０２３年９月２日）

2度目の会見から透けて見えた事務所の老獪さ

●並ぶ「不透明」「不明」「不十分」の文字

ジャニーズ事務所が2023年10月2日におこなった会見から1週間経つ。この間、あまりにもいろいろありすぎたので整理してみます。

まず会見内容について翌日どう報じられたのか？　何がわかって何が説明されたのか？　これを調べれば話が早い。すると、

『ガバナンスなお不透明』（日経新聞）

《補償の具体的な中身や、マネジメント業務を担う新会社のガバナンス（企業統治）のあり方については不明な点が多すぎる》（産経新聞）

《被害補償についても、原資など詳細な説明は不十分だった》（朝日新聞）

などなど、「不透明」「不明」「不十分」の文字が見事に並んだのであった。

つまり会見は曖昧だったのである。肝心な部分は説明されなかったり、聞く側も確認できなかったという結果がわかる。これは質問者の力不足なのか、それともジャニーズ側の老獪なテクニックなのか？　そう考えながらスポーツ紙を見てみると、

『穏やかイノッチ存在感「落ち着いて」』
『大荒れ報道陣に「子供見てる」「ルール守る大人の姿を」怒号会場に拍手』

というドデカい記事があった（日刊スポーツ）。引用してみよう。

《緊張感が漂う中、井ノ原の穏やかな人柄が随所ににじんだ。会見開始前には「1社1問で」「指名を受けてから質問を」などとルールが示されたが、一方的に声を上げて質問する記者や、それに苦言を呈する報道陣の怒号が飛び交った。》

イノッチ（井ノ原快彦）は一部の記者に対し、

「この会見は生放送で全国に伝わっているし、子供たちも見ている。被害者の皆さんには、

自分たちのことでこんなにもめているんだと見せたくない。ルールを守る大人たちの姿を見せたい。どうか、どうか落ち着いてお願いします」と呼びかけた。記事は「会場に拍手を起こしていた」

と締めている。

●イノッチは株を上げたのか？

さらに、放送作家でコラムニストの山田美保子氏は、コラムで

『またしても株を上げた井ノ原快彦』（デイリースポーツ）と書いていた。

《彼が副社長なら安心だ。今回もまた井ノ原が株を上げることとなった。》

山田氏と言えば、8月にはこんなコラムも。

『「24時間テレビ」は、いい番組』（デイリースポーツ・8月29日）

番組のメインパーソナリティーをジャニーズタレントが務めた24時間テレビだが、山田氏の言葉で気になったのはここだ。

《今年は、事前の報道に逆風とも言うべきものが多かった。が、終わってみれば、「やっぱり、いい番組だ」と私には思えたし、（以下略）》

「報道に逆風」という表現に注目したい。ジャニー喜多川氏による性加害報道は「逆風」？ふんわり書いておいて、なんならジャニーズ側が被害者という体にも読める巧妙さである。こういう人たちが事務所の強力な援軍を務めていたのだと感じた。

ただ、山田氏の言うように『またしても株を上げた井ノ原快彦』には納得した部分もある。井ノ原氏の「子どもが見てるから」発言はトーンポリシング（論点ずらし）という批判もあるし、子どもを虐待してきた企業がまた子どもを悪用しているという構図にも思える。一方で、記者は会見のルールを守れという声もある。

しかしですよ、皆がイノッチ論争に目が行く中、会見からはジャニーズの前社長や前副社長の姿が消えているという事実にハッと気づくのである（辞任した副社長は最初の会見から出ていない）。

本当に話を聞きたい人たちではなく、いつしか人前に出慣れたタレントが前面にいる。たしかに新社長（東山）や関連会社の社長（イノッチ）とはいえ、最初の想定から考えるとずいぶんなメンバー変更である。

そしてイノッチはタレント性を爆発させて場を支配しているのだ。会見のこの〝見せ方〟はジャニーズ事務所側のしたたかさ、老獪さを感じる。やはりとんでもなく手ごわい。

●忖度が丸見えの歴史的な会見だった

そして、ご存じ「NGリスト」である。

NHKが報じた『ジャニーズ事務所会見　会場に質問指名の「NGリスト」』というスクープ（10月5日）。記者ら6人の名前と顔写真が掲載されたリストがあったという件。この報道で流れは一気に変わった。

NGリストは事務所側が主導したのではなく会見を仕切ったPR会社がやったという説明だった。だとすればこれは記者会見論だけじゃなく、今まで言われてきた「ジャニーズ忖度」が見事に可視化されたとも言える。歌番組等では番組側がジャニーズに忖度して出演できない人やグループがいるという指摘はずっとあった。皮肉にもそういった縮図が見えた歴史的な会見だった。

もちろん「本当にNGリストに事務所はノータッチだったのか」という疑念もあるが、

ＮＧリストがバレた際の最初の言い訳からしてジャニーズへの忖度が丸見えとなったのだ。ガラガラと凄い勢いで何もかもがバレていく。子どもの頃にニュースで見た東欧革命や独裁政権の崩壊を思い出してしまった。

ジャニーズ側が本当に膿を出して再出発というなら、もう一度記者会見をやるべきだろう。次は時間無制限、関連質問もあり。ルールは互いのプライドのみ（by アントニオ猪木）。こういうルールなら記者側の力量も問われるだろう。

あと、ＮＧリストがあるならもっとうまく利用して欲しい。司会者が指名する際に「その白いシャツの……」とか「メガネの……」と言うあの時間がまどろっこしいのだ。せっかくＮＧリストがあるなら「では、鈴木エイトさんの２つ隣りの方」とか「望月衣塑子さんの後ろの席の方」とかＮＧ記者を目安として使用すべきではないか。そうすれば会見はもっとスムーズに進むはずだ（皮肉です）。

そして何より、もう一度原点に戻るべきだと思うのは「４７８人が性被害を申告、うち３２５人が補償を求めている」という事実である（実際はもっと途方もないはず）。世界の歴史上でもおぞましい「鬼畜の所業」を直視しないといけない。これに関しては事務所側もＮＧはないはずですよね？

（初出：「文春オンライン」２０２３年10月10日）

ジャニーズ報道検証で「天声人語」筆者の〝言い訳〟にあ然

●「天声人語」筆者の言い分に仰天

能登半島地震、日航機と海保機の衝突事故。2024年は年明けから大変な出来事が続く。一方で年末にギョッとした新聞記事があった。絶対に忘れてはならないと痛感したので、ここに記しておきたい。それは朝日新聞がジャニーズ報道について「検証」した記事である。

『ジャニーズ報道、問われる「沈黙」朝日新聞「メディアと倫理委員会」』というタイトルで2023年のクリスマスに出された。

触れ込みはこうだ。故ジャニー喜多川氏による性加害問題は昨年3月に英BBCの番組が問題提起するまで、日本の新聞やテレビが大きく報じることはなかった。こうした「マスメディアの沈黙」が被害の拡大を招いたと指摘された。

《朝日新聞はなぜ、報じることができなかったのか。社内の関係者から聞き取ったうえ

で、12月、「メディアと倫理委員会」の有識者委員に問題点や課題を議論してもらった。》（2023年12月25日）

記事を読んで私が仰天したのは、2019年7月にジャニー喜多川氏が死去したときの報道についての「聞き取り」である。

当時の状況を整理すると、朝日新聞は朝刊1面で死去を報道した。生前の人となりや功績を伝える「評伝」を社会面に載せ、「男性アイドル育成　光と影」という見出しの別稿を添えた。別稿では、裁判でセクハラについての記事の重要部分が真実と認定されたことに言及した。

死去の翌々日、朝日の1面コラム「天声人語」はジャニー喜多川氏を好意的に取り上げて性加害については触れなかった。その点について今回聞き取りがされたのだ。すると「天声人語」筆者の答えが凄かったのである。

《筆者は「セクハラ疑惑のことは頭の隅にあった。しかし、訃報（ふほう）を受けてすぐに載せる新聞コラムで、正面からその点を論じることはしなかった。（執筆当日の朝刊に載った「光と影」の記事は）読み落としていた」と答えた。》

えーー、記事を「読み落としていた」⁉　そんな馬鹿な。あ然とする答えである。

●訃報記事で触れられていた性加害認定

というのも、私ですらその「光と影」の記事は読んでいたからだ。

《一方、1999年には所属タレントへのセクハラを「週刊文春」で報じられた。文春側を名誉毀損（きそん）で訴えた裁判では、損害賠償として計120万円の支払いを命じる判決が確定したが、セクハラについての記事の重要部分は真実と認定された。》（朝日新聞・2019年7月10日）

あの裁判で重要視されたのがジャニー氏の証言だ。少年たちの性的虐待についての告白に対し、法廷で「彼たちはうその証言をしたということを、僕は明確には言い難いです」と述べていた。つまり、ジャニー喜多川氏は法廷という公の場で性加害の否定をしていなかったのである。

朝日新聞はこのことを喜多川氏の死去を伝える記事で書いていた。なら、もっと「影」（性加害）の部分について言及すればよかったのでは？　という思いを当時抱いた。それが著名人の訃報を伝える記事の役割だろうと。しかし逆に、死去翌々日の天声人語は好意的な内容に終始した。

今回その理由を聞かれたら「光と影」の記事は読み落としていたというのである。信じられない。つまり天声人語を書いている人は朝日新聞を読んでいないということか？

念のために言っておくと、新聞を一字一句全部読んでないのか、とツッコんでいるのではない。自分がその日に書く題材（ジャニー喜多川氏の死去）についての記事を読んでないのか？　という驚きなのである。自社が喜多川氏について何を書いているか読むのは当然だろう。天声人語の筆者はそんな作業すらせずに書いていたようなのである。

皮肉を言えば、天声人語のエラそうで独善的なあの感じって、ろくにリサーチもせずに独りで好き勝手に書いているからなのか。そんな答え合わせが今回できたかも。

気になるのは聞き取り調査をした側も同様だ。天声人語の筆者がぬけぬけと酷い言い訳をしているのにそれ以上は何も聞いていないのだ。なんだそれ。

●海外メディアはどう報じたか

ちなみに、2019年7月にジャニー喜多川氏の訃報を海外メディアはどう伝えたか。イギリスの公共放送であるＢＢＣはジャニー氏の業績にも触れつつ、

《一方で、物議をかもす人物でもあった。どれも証明されなかったが、パワハラと性的虐待の告発が繰り返された。ジャニーズ事務所は業界であまりに圧倒的な存在だったため、ジャニー喜多川氏を批判することはほとんど不可能だった。強大なジャニーズ事務所を脅かそうと挑む人は、日本の主要メディアには皆無だった。》（2019年7月10日）

と書いていた。ジャニー喜多川氏ばかりか「ジャニーズ事務所と日本の主要メディア」についても指摘していたのだ。

この報道から4年後（2023年）にＢＢＣは喜多川氏についてのドキュメンタリー番組を放送し、それがきっかけで日本の主要メディアも喜多川氏の性加害問題を報じることになった。こうしてあらためて読むと示唆的でもある。

さて、今回の朝日新聞の「検証記事」は角田克・専務取締役コンテンツ統括がまとめとして、

《朝日新聞は社会における『炭鉱のカナリア』であらねばならないとの思いを新たにしました》

と冬休みの宿題の感想文みたいなものを書いて終わっている。これをしれっと年末に出して終わっている。実際、これを書いてゴキゲンなお正月休みに突入したのだなとの思いを新たにしました。おしまい。

（初出：「文春オンライン」２０２４年１月９日）

第5章

スポーツとオヤジジャーナルの関係

夕刊紙&タブロイド紙の大好物は「人事」「熱愛」

●野次馬精神を満たすことが使命の夕刊紙&タブロイド紙

田中将大、東北楽天イーグルスに復帰!

スポーツ紙では2021年1月27日のスポーツニッポンが圧巻だった。一面で大きく『楽天復帰　マー　今週中にも決定』。

《楽天復帰が決定的な状況であることが26日、分かった》

お、言い切ったぞ。

どうなるか見守っていると28日に正式発表。スポニチの一人勝ちである。

翌日の各紙は一斉に田中復帰について書いたが、するとこんなことを言いだす新聞があらわれた。

《本紙は昨年10月9日発行の1面で田中の楽天復帰の可能性を報じた》

東スポである。

たしかに調べてみると、

『田中　楽天復帰？　年俸25億円用意　米球団とガチ勝負へ』（2020年10月10日）

と書いていた。

記事にはヤンキースとの残留交渉について「難航するのではないか」という見解もあるとし、楽天球団関係者の「もし田中が国内復帰を選択肢に入れてくれているなら、イーグルスは絶対に動かなければいけない」という言葉を紹介している。

ここまで読んで、それはスクープではなく「期待」だろうと思ったあなた、その通りです。野次馬精神で先回りして書いちゃうのです。夕刊紙&タブロイド紙に求められる「役割」の一つと言える。夕方、お仕事終わりのおじさんたちには塩分高めの記事が合う。

●野球にはおじさんを刺激する案件が詰まっている

こういう役割はたとえば次の話題でも見ることができた。桑田真澄氏の巨人復帰の件だ。朝刊スポーツ紙でも大きく報じられたが、夕刊紙&タブロイド紙にはいい感じで野次馬という名の調味料がふりかけられていた。

『「開明派」桑田氏電撃入閣で「罰走」阿部2軍監督は後退』(夕刊フジ・1月14日)

いいですねぇ。とたんにキナ臭い。
夕刊フジの担当記者は次のように解説する。

・いちコーチの就任会見を監督と2人きりで行ったこと自体、重大なメッセージを持つ。
・原監督が最も敬愛する藤田元司監督の背番号「73」を用意。同じ師を仰ぐ同志として、桑田との過去の因縁は氷解した。

ああ、おじさんは「人事」が好き。
考えてみれば野球には人事がたくさん詰まっている。監督人事、ドラフト、トレード、FA……。試合の選手起用もすべて人事と考えることができる。

あーでもないこーでもないと、おじさんの心と興味を刺激してやまない案件が野球には詰まっているのだ。そういう意味で、桑田人事解説はタブロイド紙には必須と言える。

では、原と桑田は距離が近くなかったのに、なぜ今回桑田は入閣したのか。夕刊フジは阿部2軍監督への不安をあげていた。

阿部2軍監督は昭和式スパルタで、

《惨敗後に選手に課す罰走などが一部ファンやメディア、果てはダルビッシュ（パドレス）らスポーツ各界からも批判を浴び、球団や親会社にも心配する声がある。》

そこで原監督が登板させたのが桑田だと。少年野球の指導や大学院での研究などを経た桑田は〝開明派〟（by夕刊フジ）。

たしかに、ソフトバンクに2年連続で日本シリーズでボコボコにされた巨人は「強さ」をアピールすることはできない。それならせめて「新しさ」「先進さ」を選択するという方向なのかもしれない。

しかも桑田コーチがどう振る舞うか。これなら話題も集まる。

日刊ゲンダイは、

『巨人　桑田という〝劇薬〟投入　最初にぶつかるのは誰?』（1月30日）。

ああ、さっそく下世話でいいです。今年は桑田でネタに困らないだろう。

●オヤジジャーナルは「熱愛」も大好物

さて次。

今度は夕刊紙&タブロイド紙が食いつく正真正銘のゴシップ案件。それは「しぶこ」。

《大人気女子プロゴルファー、渋野日向子（22）に初ロマンス発覚だ。発売中の写真誌「フライデー」が〝ジブコ〟とテレビ東京の野沢春日アナウンサー（31）との密会デートをスクープして大騒ぎになっている。》（日刊ゲンダイ）

「大騒ぎになっている」と書いているが、騒いでいるのは自分たちである。私は菊池桃子結婚のときを思い出した。あのときもオヤジジャーナルが騒然となった。そしてお相手に嫌味を言う気が満々だった。

しかし、

『菊池桃子の再婚相手は経産省官僚の〝スーパーエリート〟「ポイント還元制度」などに携わる次期事務次官候補』（夕刊フジ・2019年11月5日）

『あだ名は将軍　菊池桃子を射止めた60歳エリート官僚の素性』（日刊ゲンダイ・2019年11月5日）

想像以上のエリートだったことがわかり、早々にやっかみから退散していた。

今回の渋野日向子にも同じ匂いがする。

交際相手とされる野沢春日アナウンサーについては

《趣味は筋トレで性格は穏やか。局内の評判もいい》（夕刊フジ）

《テレ東きってのイケメンアナで、趣味は料理》（日刊ゲンダイ）

という良い評判ばかり。

なので、

『しぶこ肉食熱愛』（夕刊フジ）

『シブコ超格差熱愛』（日刊ゲンダイ）

など、大きなお世話、下世話をかましていた。ここらへんも味わいたい。

（初出：「Number web」２０２1年2月3日）

中日「令和の米騒動」に感じた立浪監督の苦悩

●この時代に白米が食べられないなんて

セ・リーグは阪神、パ・リーグはオリックスが優勝。さぁクライマックスシリーズはどこが上がってくる？　というのが２０２３年９月のプロ野球でした。一方で、そうした風景とは別に注目してしまう球団があった。中日ドラゴンズです。なんといってもアレです。阪神の優勝ではなく「令和の米騒動」のことだ。

８月下旬以降、中日は好事家たちの視線を独占していたと言ってもいい。我が「月刊スポーツ新聞時評」（※本項の連載時のタイトル）としてもスルーできない。

では報道の経緯をおさらいする。夕刊フジが２０２３年８月23日に報じた「令和の米騒動」は、立浪和義監督が突如、炊飯器を撤去し白米の提供を禁じたというものだった。細川成也外野手が夏場に入り調子が落ちてくると、

《「立浪監督は『ご飯の食べ過ぎで動きが鈍くなったからだ』と考え、改善策としてご飯

の準備をやめさせた。そうしたら成績がまた上がってきたから、他の選手も……となった」とチーム関係者。》（夕刊フジ）

しかし、絶対的守護神のライデル・マルティネスの抗議により、投手陣のみ翌日から提供が再開された。

夕刊フジは「この時代に白米がしっかり食べられないなんて夢にも思わなかった。しかも、同じチーム内で食べられる人とそうでない人がいる。もはや『令和の米騒動』ですよ」という選手のコメントを載せた。この時期の中日は「64年ぶり敵地13連敗」の頃であり、選手たちに元気がないのは令和の米騒動のせいかもしれないという。

●心を掴まれた「スパイ映画のような描写」

この記事が話題になって夕刊フジは張り切ったのか、9月になって続報を載せた。それが『中日「令和の米騒動」終息せず』『〝おいしい発注ミス〟でカレーライス解禁も1日限り』（9月12日）である。

小さなおにぎり以外の米飯を禁じられたまま1か月が経過とある。しかも野手だけでなく球団フロントや裏方のスタッフまで。私が食い入るように読んでしまったのが次のコメントだ。

「球団幹部がおにぎりを何個かどんぶりに入れ、その上に牛丼の〝アタマ〟を乗せて食べているのを見た。おにぎりを何個も食べていると監督に密告されかねないので、1個ずつロッカーに持ち込んでから味噌汁と一緒にまとめて食べる用心深い選手もいる」（ある選手）

思わず息をのむ。スパイ映画のような描写にドキドキした。

そしてこの間にあったのが〝発注ミス〟事件（8月22日）。普段と違う球場（京セラドーム大阪）のためかケータリング業者に立浪監督の指示がちゃんと伝わっていなかったようで、「全選手にカレーライスが提供された」という。なんという奇跡。この日は阪神相手に延長10回サヨナラ負け。もし勝っていたら、ゲンを担いで翌日もカレーが出たのでは？とも。

よく読むとこのエピソードは約1か月前の話なので、令和の米騒動記事が話題になって気を良くした記者が、さらに聞きこんでいたのであろう。

●なぜ「令和の米騒動」はここまで騒ぎになったか

というわけで「令和の米騒動」をまとめてみたが、ここまで騒ぎになったのは『立浪監督〝得意のトップダウン〟』（夕刊フジ）の象徴としてわかりやすかったのではないか。同時期に高校野球では、自主性を重んじた慶應が優勝したことで、逆にプロの中日がこんな感じ？というギャップも感じさせたのだと思う。

さらに言えば、ずっと監督待望論があった立浪氏がいざ就任したら「なんか思ってたのと違う」というギャップも効いているはずだ。これは生え抜きのスターが当然のように監督になるという日本の監督システムが変わる潮目なのかもしれない。

とは言え、私は今シーズンの立浪監督に期待していた。注目していた。２０２２年の10月31日にＮＨＫ・ＢＳで『逃げるな 泥にまみれても～中日ドラゴンズ監督 立浪和義～』という番組を見たからだ。

ＮＨＫ名古屋が立浪監督に昨年密着したドキュメントだったが、見終えて一番感じたことは「令和の時代に戸惑うスター」であった。昭和に鍛えまくられたスターが指導者となって、自分の若い頃と同じことを今の選手に求めると苦戦する。時代に合わせていかにアップデートしていくのかという「おじさんの葛藤」がテーマだと感じたのだ。

これはプロ野球に限らずどのジャンルでも同じだろう。夏場を過ぎてようやくチームに活気が出てきて、来季は若手が楽しみだ、と思わせて番組は終わった。

しかし2023年の立浪監督も苦戦している。私は令和の米騒動報道も消費しつつ、一方で「ここからどうする立浪監督」と、同じおじさんとしてどう成長していくのか注視している。とても気になる存在なのである。

●立浪中日とすべての〝迷えるおじさん管理職〟へ

朗報と言えるのかもしれないのはこれだ。

『【中日】最下位なのにバンテリンドームは超満員　観客動員大幅増のワケ』（東スポWEB・9月17日）

記事では、チーム成績が悪くても立浪竜が人気の理由として、

「実はファンクラブの会員で10代後半から20代後半の人が増えているんです。高橋（宏

や石川（昂）、岡林ら地元出身の若い選手たちが活躍していることで同世代の人たちの関心が高まっているのでは」

という球団関係者の分析を載せている。

さて、立浪監督の来季の続投が早々に発表された。2024年はどうなる。こういうときは東京中日スポーツのコラムを読むに限る。「渋谷真コラム・龍の背に乗って」の9月16日分を紹介する。

まず立浪監督の2年間について、

《ほぼ全てのファンが落胆している。そして、3年目への不安は色濃く残ったままなのである。》

ではどうすればいいのか。

《最初にやるべきことはミスタードラゴンズの看板を自ら下ろすことだと思う。通算

2480安打。優れた技術と実績に裏打ちされた理論がある。しかし、たとえ正しいことであったとしてもそれを選手もできるかどうかが別問題なのは、この2年間が証明している。》

その上で、

《上に君臨するボスではなく、前に立ち、導くリーダーになってもらいたい。それが結果を出す組織の主流となっているのだから。》

厳しい言葉だ。しかし立浪を見続けてきたトーチュウしか言えない言葉である。

そしてあらためて思うのである。中日は若いファンが増えているというが、迷えるおじさん管理職の人がいたらぜひとも立浪中日を見たらよいのではないか？　と。新しい時代の流れに苦闘する監督の姿から、共に学べる要素はたくさんあると思うのです。

●自分のラジオ番組で「米騒動」の真相が解明

前項で中日の「令和の米騒動」について書きました。するとこのあと（２０２３年11月）、ひょんなことから「真相」がわかったのです。

私は毎年プロ野球のシーズン開幕前と終了後に山梨放送で特番をやっています。アナウンサー、スポーツ新聞記者、タレントなど各界から野球好きが集まってワイワイ語り合うというゴキゲンな特番です。

２０２３年11月の番組には『プロ野球ニュース』のＭＣでもおなじみ稲村亜美さんも参加してくださった。シーズン振り返りをやりながら各人が気になった事件や小ネタを持ち合うコーナーで、私は中日の米騒動について触れた。

すると稲村亜美さんが、「立浪監督にその件を聞きました！」と報告してくれたのだ。稲村さんが「監督、あの米騒動、本当なんですか？」と聞いたら、「おお、ほんまよ」と立浪監督は教えてくれたという。

炊飯器撤去の理由は、「レギュラーのスタメンの選手が試合1時間前にどんぶり食べたら体が動かないだろうと。注意してもやめないから撤去しろと」。ここまでは報道されていたとおりだが、稲村さんは立浪監督自身の経験談も聞いてきたという。

「監督自身も、現役時代は試合前はバナナ1本だったらしいです。自分の成功例もあるし、選手の体が動かないのも考慮してやめたらしい」と。

さらに全員に禁止したわけではなく、「ピッチャー陣、後から投げるピッチャー陣は食べていい、野手も後から出る人は食べていい、（それを）分けるのが難しかった」と、スタメン以外は食べることは容認していたという。

稲村さんの報告はさらに続いた。試合後は「今年からかな？　独身の選手も多いから、監督の自腹かな？　ご飯を用意していたと。だから試合前は満たす程度で頑張って、終わったら食べろという話だった」という。

さらに、「令和の米騒動」という形で記事がバズっていたことに関しては、「監督は、球団内にリークしているヤツがいる。誰なんだろう？とすごい気にしていました」と稲村さんは締めくくったのであった。

これが「米騒動」の真相だった。満腹状態で試合で実力を発揮できるのかという、当然と言えば当然の問いかけからだった。立浪監督の経験も踏まえ、レギュラーをとったばかりの選手や若手などは自分でコントロールしろという出発点からだった。そのぶん試合後にはたくさん食えと。稲村亜美さんの直撃のおかげで細かいニュアンスがわかったのである。

それにしても「米騒動」記事には、記事の読ませ方、書き方というノウハウが詰まっていたことにあらためて驚く。「嘘は書いてないが大きく書く」という技術である。

このとき番組に出演していたスポーツ報知の加藤弘士さんは、「一連の米騒動記事は記者の署名入りなんですよ。匿名で書いていない。そうやってちゃんと世に出している」と解説してくれた。なるほど、いわばタブロイド紙としての記者の「芸」なのであった。

私は一般紙、スポーツ紙、タブロイド紙とそれぞれのキャラがあっていいと以前から唱えているが、米騒動記事はまさしく記者がノリにノッて、筆がノッて世に出した快作だったのだろう。

一方で『立浪監督〝得意のトップダウン〟』（夕刊フジ）という、中日の苦戦理由の一端を想像させる部分もあった。こうした切り口の芸を楽しむ余裕もあっていいと思う。

●火付け役の夕刊フジも反応

さて、このラジオ特番で稲村亜美さんが報告してくれた立浪監督直撃インタビューの話は、各スポーツ紙のネットニュースや週刊文春の記事にもなった。

《タレントの稲村亜美が4日に放送されたYBSラジオ「プチ鹿島と櫻井和明のどこまでもプロ野球愛2023反省会」で、中日の立浪和義監督に、シーズン中に話題となった〝米騒動〟について直撃したことを明かし、真相をリスナーに説明した。》（デイリースポーツ・2023年11月10日）

それだけ反響が大きかったのだ。自分もネタにしていた話題が自分の番組でオチがつき、そのあとメディアに報じられるという結果はなんだか不思議な気持ちになった。

そうそう、米騒動の発信源「夕刊フジ」も記事にしていた。

『〝米騒動〟に立浪監督「ホンマよ」稲村亜美が直撃　中日、コメ禁止の真相　一番怒っていた「球団内にリークしたヤツが」』（夕刊フジ・2023年11月10日）

見出しに注目してほしい。「コメ禁止の真相」と書いているが火付け役は自分である。

本文を読むと、

《世間に大反響を呼んだ本紙スクープ「令和の米騒動」について、発案者の中日・立浪和義監督（54）にタレントの稲村亜美（27）が直撃していたことが分かった。》

世間に大反響を呼んだ本紙スクープ、と書いていた。最後までスクープモードであった。夕刊フジは２０２５年１月末をもっての休刊が発表され、立浪監督は２０２４年シーズンで退任となった。両者またいつか帰ってきてほしい。こういう記事を楽しめるうちはまだ平和なのだから。

（初出：「Number web」２０２３年10月2日＋書き下ろしを追加）

大谷翔平が凄すぎて直面している「ある問題」

●WBCはなぜ「すがすがしい」のか

野球の国・地域別対抗戦「WBC」（ワールド・ベースボール・クラシック）が盛り上がっています。このコラムが公開される2023年3月21日には、準決勝となる日本対メキシコ戦が開催される。ここでは「メディアとWBC」について書いてみます。

まず痛感するのはWBCのすがすがしさだ。現在、日本では東京五輪汚職事件をめぐる捜査の真っ最中。東京五輪では興行屋がスポーツの祭典を「興行」にして、アスリートたちの頑張りや人々の税金を食い物にしていた。その運営は、まさにインチキ臭さの祭典だった。

それに比べるとWBCは最初から興行であることを隠さない（メジャーリーグ機構と選手会が主催）。こう言っては何だが、最初から金儲けを目的としているからすがすがしい。「日本対アメリカ」だったはずの準決勝の組み合わせが突然変更されたのも、いかにもザ・興行っぽい話だ。それならこっちは「面白いか、面白くないか」で決めればよいだけ。メディアも乗りやすいのだと思う。

ＷＢＣの東京プールの主催には「読売新聞社」が入っていた。読売は日本代表の初戦の日には、

『ＷＢＣ開幕　ぶつかり合う力と技を存分に』（3月9日）

と社説でぶち上げていた。韓国戦の始球式には岸田首相が登場。これも読売が絡む興行と考えれば納得である。

そういえば、２０２２年11月に「専守防衛」の転換につながる提言をした政府の有識者会議には、読売新聞グループ本社社長も参加していた。それを踏まえると、あの始球式は岸田首相と読売との〝キャッチボール〟だったのかもしれない。

しかし岸田首相は大暴投。


『開成野球部なのに……岸田首相ＷＢＣ始球式ヘタレ投げでＳＮＳ大荒れ！　栗山監督にサインまで貰う』（日刊ゲンダイ・3月11日）

これぞ異次元の始球式である。

そんなＷＢＣのテレビ視聴率は連日40％越え。日本では大成功である。大谷翔平を見ているだけで幸せという理由も大きいだろう。同時に過去最強とも言われる日本代表に浸れる時間がたまらないのかもしれない。

●大谷とヌートバーは「現代版のON」

ふと思った。昭和のお父さんたちが、ナイター中継で長嶋茂雄・王貞治（ＯＮコンビ）のいる巨人戦を見ていた頃の雰囲気ってこんな感じだったのだろうかと。となると、現在は大谷翔平がＯＮの代わりを一人でやっているのだろうか。それともヌートバーと２人で現代版のＯＮか。

しかし高度成長期に絶対的なＯＮを見て明日への活力としていたお父さんたちと比べて違うのは、現在は暗くて嫌なニュースばかりであることだ。国力も当時の上り坂に比べたら下り坂。そんなときに、絶対的な大谷翔平に全乗りして強さや気持ちよさを味わえているのだとしたら、その差にしみじみしてしまう。

たとえば産経新聞の見出しは『日本には大谷がいる』（３月17日）。ああ、久しぶりに誇らしげだ。でも少し心配にもなる。かつて古舘伊知郎は、アントニオ猪木の引退試合実況で「我々は今日をもって猪木から自立しなければならない」と叫んだ。それで言うならWBC後は「我々は大谷翔平から自立しなければならない」のだ。

大谷ロス・WBCロスに備え、個を強くして生き、日常を自分で楽しめるようにしなければならない。読売には社説でそんなことも書いてほしい。

●大谷翔平は新聞と相性が悪い？

さて、次に〝大谷翔平と新聞〟についておさらいしてみたい。

私は大谷が日本にいる頃、つまりメジャーに行く前から「新聞・スポーツ新聞にとって大谷翔平は相性が悪いのでは」と考えていた。大仰な表現を十八番とする新聞・スポーツ紙はプロ野球、高校野球、相撲などの伝統的なジャンルと相性がいい。しかし大谷翔平は活字野球には合わなかったのである。

たとえば次の見出しを見てほしい。

『男気　黒田が魅せた』

『怪物　大谷が決めた』

これは２０１６年の日本シリーズ第３戦を伝えた朝日新聞の見出し（２０１６年10月26日）である。日本ハムには大谷がいて、広島には黒田博樹投手がいた。黒田投手は従来からの大仰な表現や浪花節的な見出しにも当てはまった。新聞の見出しが楽しみな選手だった。

一方で、私は大谷翔平を「怪物」と呼ぶ表現はまったくピンとこなかったのである。大仰な表現と大谷翔平は相性が悪い。大谷を堪能するには目の前の技術を目撃できれば十分であり、とくに物語性やエモさはいらないのだ。

●大谷の活躍を「名馬」にたとえた東スポ

しかし、大谷が凄すぎて巨大な物語性が発生したことがあった。

メジャーで二刀流にチャレンジして好成績を収めたため、伝説の人物の名前がちょくちょくニュースに出てくるようになった。ベーブ・ルースである。

「野球の神様」と言われた人物で、現役時代はピッチャーとバッターの両方をこなす二刀流。伝記でしか読んだことのない人物が、大谷のおかげで身近によみがえった。

各新聞は物語性たっぷりの大谷のエモい記事が書けるようになった。こんなに巨大な物語性を掘り起こしてしまう大谷翔平。「新聞と野球」でもやはり予測不能の存在。

最近、「新聞にとって大谷翔平は相性が悪いのでは」という実感を補強するような記事を見つけた。


『大谷が凄すぎて言語不足状態』（東京スポーツ・2023年3月19日）

新聞だけでなくテレビ局も困っているというネタである。ある放送関係者は「大谷のすごさやプレーをどう伝えたらいいのか。どんな言葉を使っても、実際のすごさに比べると安っぽくなってしまうというか……」と頭を悩ませているという。

各国メディアは、あらゆるたとえを駆使して大谷を表現してきた。東スポによればアメリカでは「地球上で最高の選手」「野球における完ぺきな兵器」「野球界における特異な生き物」、韓国では「漫画野球」「野球天才」、そして日本では「スーパースター」や「神」……。

ちなみに

『大谷　神動画になった』

と書いていたのは東スポ自身である（3月14日）。
最近では
『大谷ディープインパクト』（3月18日）
と馬にたとえていた。
ああ、やはり大谷翔平には言葉が追いついていない！

（初出：「文春オンライン」2023年3月21日）

「元通訳のギャンブル問題」を各紙はどう報じたか？

●大谷翔平を襲った暗いニュース

大谷翔平に関する「3つのニュース」をどう報じるか？　2023年オフから現在までの期間、報道について考えることが相次いだ。3つのニュースとは、

（1）通訳・水原一平氏の解雇、水原氏の「ギャンブル依存症」告白
（2）大谷の結婚発表
（3）ドジャースとの巨額契約

である。まず（1）からいこう。

『大谷ドジャース伝説　幕開け』（サンスポ・2024年3月21日）

からの翌日は、

『大谷通訳　水原一平氏　違法賭博関与か　解雇』（サンスポ・3月22日）

だった。一夜にしてニュースが激変。現在も情報は混沌としているが「焦点は大谷が違法性を問われる可能性があるのかどうか、という点だ」（サンスポ・3月24日）。

水原氏は当初、スポーツ専門局ＥＳＰＮの取材に対して、大谷が多額の借金を肩代わりし、大谷の口座から違法賭博の胴元に送金したことを認めた。ただ翌21日に水原氏はそれらの発言を撤回した。なので大谷が

「事態をどこまで把握していたかが究明の鍵となりそうだ」（サンスポ・3月24日）。

●依存症から救い出すには

今回の件は、これまで明るい話題、ともすれば希望の象徴として報じられていた人たちが暗転の側へという衝撃がある。まさに

『人生は山あり谷あり、大谷あり』（スポーツ報知・3月25日「仙ペン」）。

だからこそセンセーショナルに報じるのだろうが、気になるのは「ギャンブル依存症」について新聞で丁寧な解説があまりないことだ。

調べてみると2023年末にこういう記事があった。

『ギャンブル依存症から救い出すキモは「話し合い」にあり　スタッフ全員が経験者の回復施設　奮闘の現場』（東京新聞・2023年12月18日）

注目は、

《ギャンブル依存症は世界保健機関（WHO）が認定する精神疾患でありながら、「意志が弱い」「モラルの欠如」など自己責任の問題と誤解されがちだ。》

という点だろう。

依存症経験者のコメントとして「依存症は、孤独の病とも言われる。依存症に気付かない、認めない、相談できない。そして人が離れていく。周囲のサポートが必要なのです」とある。

この記事ではグループミーティングと呼ばれる回復プログラムを紹介している。抱えている悩みや思いを正直に話し、他者の話にも耳を傾けることで、共感力や自己理解力を深めるという。

今回の件を受けて日刊スポーツは「ギャンブル依存症問題を考える会」の田中紀子代表による解説を掲載していた（3月22日）。

●「約束」「肩代わり」は効果なし

田中氏はギャンブル依存症者に対する手助けとして、「借金の尻拭いや肩代わりは間違っている」と強調。「病気を正しく理解しないと言葉を信じてしまう。『もう2度とやらない』などと『約束すること』や『誓うこと』はなんの効果もない」と。その上で、「ドジャースの関係者の人たちにも水原さんを治療プログラムにつなぐことをやっていただきたい」と述べている。

これを読むだけで、大谷翔平が当初したとされる「肩代わり」や「もうしないという約束」の処置（水原氏は後に否定）は間違いだったことがわかる。ましてや水原氏個人への過剰な報道は、精神疾患の人を責めているだけにも思える。多くの人は私を含めギャンブル依存症とは何かを知らないまま無防備にこの話題に触れているのだ。

さらに言えば、ネットカジノなどのギャンブルにはまる若者が増えているという記事はここ数年あった。山口県阿武町からコロナ対策の臨時特別給付金計4630万円を誤って振り込まれた男性が、全額をネットカジノで使ったと主張していた件もあった。「ギャンブルにはまる」ことに金額や立場は関係ないのかもしれない。人ごとではないという視点の記事はもっと必要ではないか。

●結婚発表でギョッとしたメディアの感覚

続いて大谷翔平のニュースから考える2つ目は「大谷の結婚発表」について。パートナーの素性を知りたいのは人情だ。一方で、そっとしておこうというムードもSNSにはあった。結婚するかしないかなんて本人の自由だからだ。

そんな空気を感じつつ、でも騒ぎたいのが日本のメディアの葛藤だったのだろう。あるニュース番組を見ていたら、トップで大谷のパートナーの写真を大々的に扱って実名も報じていたのだが、それは「CNNの報道によると」という手法だった。

派手にはしゃぎつつも「私たちではなくCNNが言っているのです」と予防線を張っているように見えた。姑息である。実名を報道するなら堂々と自社の責任で報じたらどうか。意思を持って報じる、または報じない。どちらかではないか?

ちなみに、メディアにはまだこんな感覚があるのかとギョッとするものもあった。日刊ゲンダイ（3月18日）や女性セブン（3月21日号）が見出しにした『最強遺伝子』や『最強遺伝子「完璧婚」』だ。大谷の結婚をサラブレッドの配合か何かと一緒にしていないか。

今もこの感覚って大丈夫か。

●金権野球という見方をも変えた

そして大谷翔平のニュースから考える3つ目は「ドジャースとの巨額契約」だ。大谷のニュースは、日本のメディアの論調や私たちのプロスポーツの見方をあらためて変えたと痛感した。

どんな点か?　2023年12月13日の各紙の見出しを紹介しよう。

『大谷　986億円後払い!!スーパー男気契約だった』（サンスポ）

『大谷　世界が驚く男気契約　97％後払い』（日刊スポーツ）

契約金の多くを後払いにすることにより、チーム年俸総額が一定額を超えると課されるぜいたく税まで余裕ができ、ドジャースはさらなる補強を進められるという。

各紙は好意的に「ぜいたく税を免れ、大谷もドジャースもメリット」と解説していたが、要は資金力のあるチームがさらに資金をつぎ込めるテクニックを駆使したとも言える。しかし、「とにかく勝ちたい」「チーム強化に」という大谷の夢を皆が理解したのである。となると、これまで日本では選手獲得にカネをかけると「金権野球」「金満球団」という批判があったが、今後はなくなるかもしれない。大きな転換点になると思ったニュースだった。

いかがだろうか。大谷翔平は野球だけでなくモノの見方まで次々に提示し、考えさせてくれるのである。

（初出：「文春オンライン」２０２４年３月26日）

第6章

猟犬としての文春と松本人志論

「下世話」が「王道」を超えてしまう強烈な違和感

●下世話の象徴＝週刊誌によるツッコミ

最近つくづく思うのですが、下世話が王道を上回ってないだろうか？　こんなんでいいのかと思う。

例をあげていきます。

まず週刊誌。下世話さの象徴です。これに対しての王道は新聞やテレビが浮かびます。私は、週刊誌は猟犬だと思っている。獲物をとってくるけど、猟犬自身には「良い獲物」も「悪い獲物」もない。社会派ネタだろうが芸能人の不倫だろうが目の前にあれば獲る。スキャンダリズムが大事。なのでやたら過大評価するものでもない。

このところ（２０２１年）、「週刊文春」という猟犬は、〝東京五輪の開閉会式の演出〟を口にくわえてどんどん獲ってきてます。下世話です。

これに対して、五輪組織委員会は「掲載誌回収」「文春オンライン記事の削除」を求めた。すると文春は「税金が投入されている公共性の高い組織のあり方として、異常なもの」と指摘。返り討ちでその闇体質をツッコんでいた。

しかも、回収要求を出された次号では、組織委の「内部告発5連発」をデカデカと載せた。その見出しには、

『回収要求された小誌だから書ける』

あーあ。

五輪組織委は文春にエサを与えてしまった。回収要求なんてしたら逆に喜ぶに決まってる。「向こうから飛び込んできたぞー、お前も焼いてやろうか」という山賊の宴会みたいだ。言わんこっちゃない。聖火がますます炎上している。

ただ、ここ数週の記事を読むと、演出プランをただ暴露しているのではなく、開会式の演出チームがいつのまにか「乗っ取られていた」ことを追及していた。つまり莫大な税金を使うイベントの公益性を問う内容だった。

皮肉な展開である。この本質を新聞もテレビも見て見ぬふりするから、下世話が王道を超えてしまっている。スキャンダリズムがいつの間にか東京五輪の不透明な体質を問う役割を担っている。いいのか他のメディアはそれで。

●ゲンダイ師匠が真面目に見えるって大丈夫か

では、次の「下世話が王道を超えている」例を挙げる。それはタブロイド紙。これも相当下世話です。

ところが、2021年4月7日付の「日刊ゲンダイ」の1面を見て驚いた。

『池江の復活と五輪開催可否は別問題』

びっくりした。タブロイド紙といえば意地悪でひねくれた高カロリーな記事が楽しみなのですが、これは冷静な指摘。

『安直な商業主義に利用された選手の方こそいい迷惑』

いや本当に。選手には素晴らしい運営でこそやってほしい。ゲンダイ師匠が真面目に見えてしまう「今」って大丈夫か。

ちなみにこの記事では、安倍元首相の「ここまで重ねてこられた努力は本当に並大抵のものではなかったと思います」という池江璃花子選手へのツイートを引用し、

《「桜を見る会」前夜祭の問題だけで118回も虚偽答弁をするのも並大抵のことではないが、》

と「並大抵」について皮肉をかましていた。ああ、安心した、意地悪なゲンダイ師匠がここにいた。

同じタブロイド紙の「夕刊フジ」も王道（一般紙）より興味深いコラムを掲載していた。

『コロナ対策で菅首相、結果出せず　ワクチン遅れと病床の逼迫』（4月7日「風雲永田町」）

ここではベテラン記者たちのコメントを載せている。

《ファイザー側が、交渉相手をめぐり『河野太郎ワクチン担当相とでは、格が低い。菅首相とであれば交渉する』と言った、との情報があるようだ。それならば、菅首相はなりふり構わず交渉すべきだったのではないか》

この記事は私も読んだ。共同通信のこれ。

『「首相出して」難交渉』『主導権はファイザー　河野氏相手にされず』（信濃毎日新聞・3月7日）

もちろんファイザー製薬の駆け引きの一つだろう。でも本当にこういう事態になったら、国内なら力ずくで乗り切れても海外のリーダーや交渉人は菅首相に忖度などしてくれない。菅首相の発信力、対話力は政権ではなく国民の命運を握っているという当たり前のことを考えさせた怖い話であった。

では、菅首相はどうすべきなのか。「夕刊フジ」コラムは最後に書いていた。

《情報をきちんと開示することだ》

下世話なタブロイド紙が真面目に見えてしまう。

●正論すぎる北朝鮮の〝建前〟「コロナから選手を守る」

では、下世話だけど正論すぎた最強の件を紹介しよう。

北朝鮮である。

『北、東京五輪不参加を決定』（産経新聞・４月７日）

これに対しては、政治的な思惑ではという解説が目立った。

米バイデン政権が新しい対北朝鮮政策をまもなく公表するタイミングでの不参加表明は

「今は融和ムードを演出する局面ではないとの判断も見え隠れする」（朝日新聞・４月７日）

と。

狡猾な北朝鮮。日米韓への政治的駆け引き説はおそらく当たっているだろう。本音と建前でいえば「本音」の部分だ。しかし今回の北朝鮮の「建前」はなんだったか。

『コロナから選手を守る』（産経・同）

ああ、正論すぎて困る。

見え見えの正論であるのがわかるのに、なんとも痛いとこを突かれた感がある。東京五輪はどでかい矛盾を抱えているのがわかる。

この、下世話だけど正論すぎという現象はいつまで続くのだろうか。

文春もタブロイド紙も北朝鮮も、ゲリラが王道を制している。

（初出：「文春オンライン」２０２１年4月13日）

「松本人志報道」と「過去の自分が殺しにくる」問題

●ツイート時刻から伺える状況の変化

まずはこちらの見出しから。

『オズワルド伊藤　松本人志報道でネットの声に注文「事実であってほしいという人が多い」』（東スポWEB・2024年1月18日）

《また「SNSなどでありがち」な意見として「まだ根本的なところの事実がはっきりしていないのに、テレビを見てる視聴者の人って心のどこかで、事実であってほしいという見方をする人が多いと思うんだ。そっちのほうが話題として言い方はアレだけど盛り上がるじゃないけど…。そっちに流される人もいると思う」と分析。》

今回は「松本人志報道」を自分の時系列で、何を考え、何を語ったか、振り返ってみたいと思います。以下、リアルタイムでメルマガに書いた文章をまとめてみます。

2023年の「週刊文春」年末特大号に記事が出ました。文春はそのあと正月休みで一週間お休み。つまり2週間分といえるスクープを放ってきたわけです。

その直後の12月29日に、私はトークライブ『クレナンデス』を開催しました。ライブ前にダースレイダーと楽屋で話したことを振り返ります。

まずお互いに不思議だったのは、「文春というメディアを『たかが週刊誌』と扱っている人がけっこう多い」ことでした。

もちろん、松ちゃんがそんなことをするはずはないという願いや希望も込めての人もいるでしょう。冒頭の記事では、オズワルド伊藤さんが松本人志報道で「事実であってほしいという人が多い」と述べたといいますが、その逆に「嘘であってほしい」という人も多いのでは。

その上で言うと、結構本気で文春記事を否定している人が多いことが私は不思議でした。ここ数年の文春の政治や社会に関するスクープをまざまざと見ているからです。

あえて言えば、文春から世の中が動くのがここ数年でした。長い時間をかけて取材してようやく世に出すスタイル。一口に「週刊誌だから」とまとめるのは雑すぎる。

たしかに週刊誌の中には、適当に既存のゴシップをふくらませて「関係者によると」と自分でコメントしてるとしか思えない週刊誌もあります。娯楽&ゴシップに徹しているのだ。キャラがいろいろあるのです。でも文春はそういうスタンスではないことは、ここ数年のスクープを見ていればわかる。

文春は正月明けに絶対に第二弾、第三弾を出してくるに決まってる。なんなら第一弾はわざと余白を残して、松本&吉本側が「反論」してくるように仕掛けているはず。そして「反論」してきたら第二弾を放つ。そういうシミュレーションを絶対に文春側はしているだろう。それこそ詰将棋みたいに何パターンも話し合い、法務（弁護士）も入れてシミュレーションしているはず。

●ツイート時刻から伺える状況の変化

そして年明け。

性被害を訴える女性とスピードワゴン小沢さんのＬＩＮＥの一部が「週刊女性プライム」で公開されました。女性がお礼を述べているのですが、これをもって文春報道がいかにデタラメであるかという松本側の「反撃」が始まります。例の《とうとう出たね。。。》というツイートです。

しかしその直後から、被害にあった弱者側が直後に強者に屈服してみせてしまうという態度は、むしろ「加害問題では多い」との指摘が各媒体で相次ぎました。つまりこれをもって「同意」していた証拠にはならないということです。

そのあと1月8日の月曜日に「松本人志休業」という一報が飛び込んできた。大ニュースです。

さらに《事実無根なので闘いまーす。それも含めワイドナショー出まーす。》と松本氏本人がツイートしました。時間は「午後7時28分」。

ピンときたのは文春の発売予定だ。注目される正月明けの発売は「火曜にデジタル配信、水曜に紙で発売」の日程。だから、月曜には松本側にもその内容が伝わるはずであり、もしくはコメント依頼があるはず。

こうした時系列を考えて読むと、何らかの新しい文春の動きがあって「松本休業」という判断を松本&吉本側はしたのではないか?と思いました。事実、文春の記事を読むと第二弾の内容について問い合わせた4時間後に休業が発表されたと書いてあった。

翌日の午後になって、

《ワイドナショー出演は休業前のファンの皆さん(いないかもしれんが)へのご挨拶のため。顔見せ程度ですよ。》

というポストをした。1月9日（火）の「午後3時59分」です。

前日の夜7時から翌日の3時過ぎのあいだに、松本人志、吉本、フジテレビの間で熾烈な話し合いが行われたことは容易に想像できます。

この日、9日火曜の午後1時、私は担当しているラジオ番組（ＹＢＳラジオ）の冒頭で、松本報道について20分ほど話しました。

『ワイドナショー』に出るといっても放送法に引っかかるのでは?と。放送法第四条では、意見が対立するものについては一方的な見解だけ放送するのはダメとあるからです。

もし松本さん側の見解だけを一方的に流したらフジテレビは女性側からＢＰＯに訴えられる可能性もある。そんなことを話した。すると、やはり最終的に出演はなくなったという報道が出ました。

●自分を疑って生きるおじさんの「新・成長期」

今回の松本人志報道はまだ行方がわかりません。裁判も始まるでしょうし簡単なことは言えない。

ただ、今日的な問題としては誰もが考えることができます。特に私を含むおじさんたちは。

以前、私のメルマガ「プチ鹿島の思わず書いてしまいました！」2021年2月1日号に、「過去と向き合う」というテーマで書いたことを思い出しました。

当時、ある雑誌の編集長によるSNSでの振る舞いが告発され、問題になっていた。するとそのあとに出た雑誌の最終ページにに、ライターさんたちがそれぞれ思うことを載せているコーナーがありました。

ふと次の言葉が目に留まったのです。引用します。

《包み隠していたものがあらわになったり世間の価値観が変わったりして「過去の自分が殺しに来る」みたいな事案、今後周辺で発生するでしょう。もし自分の番がやってきたら「裏で話そう」とか醜態を見せないようにしたいですね。》

この言葉はいいなぁと思ったんです。これはおじさんなら誰でも当てはまると思いスクラップしておいた。

男子部室のような狭い範囲や狭いノリのまま、一部にウケてきたケースは多くの人に思いあたることもあるだろう。そのノリのまま乗り切ってきた人もいるだろう。

だからこそ変わらなければいけないと思うわけです。昨日までのことを言及されて開き直るのではなく、何が悪かったかを学び、今日からは変わりたい、という。言うなれば今はおじさんの分岐点なのである。

誰だって過去はすべて潔癖か、誰も傷つけていないかと言われればそうではないはずだ。自分が気づかないところで誰かを傷つけていたこともあるだろう。

そんな人が出世したりキャリアを重ねると「あんた、過去にこんな言動をしてたよね」と突きつけられることもあるでしょう。そういうときにきちんと受けとめることができるのか。この問題は（特に）おじさんであれば誰しも内包していると思う。

「おじさん」と具体的に名指しするのは私もおじさんだからであり、男性優位の時代に育ってきたという事実があるからです。

なので、

《「過去の自分が殺しに来る」みたいな事案、今後周辺で発生するでしょう。もし自分の番がやってきたら「裏で話そう」とか醜態を見せないようにしたいですね。》

という先ほどのコメントが響いたわけです。おじさんは自分を疑って生きていくしかない。でもそれを決して「息苦しい」という言葉で片付けてはいけない。「新・成長期」だと思えばいいのかもしれない。

肉体の成長期は終わったけどまた新たな成長期をもらったと思えば楽しいはずだ。これは自分に言い聞かせています。

みんな、〝フレッシュおじさん〟を目指せばいいのだと思います。

以前に戒めとして書いたことをあらためて載せてみました。

（初出：「プチ鹿島メルマガ」２０２４年1月22日号を改稿）

「文春はデマ・捏造」という浅い〝マスゴミ論〟に要注意

●気分や感情に支配された「マスゴミ」批判は危険

いわゆる「マスゴミ」批判はすごくウケがいい。

実は、松本人志さんのニュースに関するコメントを『ワイドナショー』で見ていたときに、かなり気になったのがマスコミへの批判でコメントを組み立てているのが目立ったことです。

その気分もそれなりに理解できるのです。

松本さんは若くしてスターだったから、プライベートでたくさんマスコミの突撃取材があったと思うし、その中には度を超えた取材や書かれ方もあったと思います。それは事実だろう。

だからこそ松本さんからすると、「最大の権力者」というのは政治家や官僚などではなく「マスコミ」だったと思うのです。

なので、当時現役の総理大臣だった権力者＝安倍晋三氏とも、メディアの厄介さについていて酒席で盛り上がったんじゃないかと推測していました。

つまり自然に「マスゴミ論」的な、もっと言えばネット右派に歓迎されるような言説になっていったのではないか？　こういう皮肉な、いや、かなり深刻な側面を数年前から私は感じていた。


そして現在である。

松本さんはいよいよ週刊文春と正面衝突することになった。ご本人はいくつかのツイート後は沈黙していますが、これまで松ちゃんを楽しんできた人による「松本人志ロス」という気分は（これ自体は私も理解できます）、怒りや悲しみをどこにぶつけていいかわからなかった。

でもいつしか「文春はデマ、捏造」というムーブに全乗りすることで光明を見出したという部分はないか？　ドナルド・トランプも不利な情報が出てくるほど「これはデマだ」とむしろエネルギーにして煽る。わざと雑にそうしているのでしょうが、でもやっぱり雑すぎると思う。


いや、私だってマスコミに対する不満はあります。他の人より多いくらいだと思います。

でもそれは、新聞をはじめとする既存メディアは利用する価値がまだあると考えているからこそであり、しっかりしてほしいという意味での批評や批判なのです。決して全否定ではない。

だからまとめて〝マスゴミ〟と呼んじゃうような「マスコミ批判」は危険だと思います。気分や感情に支配されてる部分が大きいように感じる。

「私が大好きなあの人を追い込んでいるからマスゴミは潰れろ」となってしまったら、もうこの世には混乱しかない。

●ニュースは「理不尽な目にあっている人」を知るためのもの

一方の文春もしたたかだなぁと思うのは、文春誌面で『松本問題「私はこう考える」』という企画をスタートさせたことだ。そこに橋下徹氏とかを登場させて文春批判をさせる。そして数日たつとオンラインにも転載する。

それを文春アンチは喜んで読むわけですが、でもそれって文藝春秋社のＰＶ数を増やしてるだけ。貢献してるだけだから。そんな仕掛けを平気でしてくる文春はしたたかです。

なので、私はあの『松本問題「私はこう考える」』については微妙な思いで見てたわけですが、先日ようやく読むべき声が載っていました。荻上チキさんです。ちょっと抜粋します。

『荻上チキ「メディアが一丸となって調査すべき」』（週刊文春・2024年3月14日号）

チキさんは松本氏に関する報道や反応で二つ気になることがあるという。

①業界に蔓延する悪質な手法

②一連の性加害問題などに対して、芸能界とメディアが一致団結して向き合っていない

①は相手が断りづらい状況を作って、あたかも能動的にその選択をしたかのように〝罠〟を仕掛け、性的な行為に及ぼうとする「エントラップメント」を指摘している。

②は、メディアの多くは「芸能ニュース」として消費している。しかし業界の構造や風土の問題として考え、「ハラスメントや人権侵害の撲滅に取り組んで欲しいと思います」と締めている。

ああ、こういう問題提起が読みたかったのです。

松本人志報道では「誰が理不尽な目にあったのか」という考えすら、人それぞれに違うことがわかる。私は、文春に対して打ち明けた女性の話を「理不尽な目にあった人」という部分では当然ながら優先すると思っている。

数年経って打ち明けたのも、ジャニーズ問題やらMeToo運動があってようやく言える時代になった、という説明はおかしくないと思った。

私は「なぜニュースを見るのか」という理由は、「理不尽な目にあっている人」「困っている人」を知ることだと思うようになりました。

それでいうと松本人志報道で理不尽な目にあった人とは、松本人志氏ではなくA子さん（をはじめとする人たち）だと私は思うのです。

しかし、松本人志氏側は「理不尽な目に遭っているのは自分だ」という主張なのでしょう。

裁判の行方に注目したいと思います。

（初出：「プチ鹿島メルマガ」２０２４年3月18日号を改稿）

「シラフ」にこだわる松本人志のドーピング論

●松本人志にとって知性や教養はドーピング？

さて、ここでは過去に書いた松本人志論を振り返って今回の問題を考えたい。けっこう今を考えるヒントになっているからだ。2019年に雑誌『KAMINOGE』に書いたコラムをまず読んでほしい。

＊＊＊

ピエール瀧さんが保釈されました。今回は松本人志さんの「ドーピング」発言について書きたいと思います。『ワイドナショー』で「薬物という作用を使って、素晴らしい演技をしていたと思ったら、それはある種ドーピングなんですよ」と松本さんがコメントしたことが論議を呼んだからだ。

この発言に関しては「ザ・松本人志」だと思った。その神経質さ、ストイックさが露見したのだ。松本人志さんにとってお笑いは30年以上も前から純然としたスポーツであり競技なのだろう。

たとえば大喜利をそれまでのイメージを変えて新たな競技にした。競技化していくのが真骨頂だ。ということは当然ルールにもこだわるはず。「ドーピング」にはそりゃ敏感だろう。

だからこそナチュラルなトレーニングでつくったあの筋肉も自信があるのだろう。

『すべらない話』というフォーマットづくりやルールづくりもそうだが、実は松本さんは昭和芸人のような「生き方」を見せるような芸人ではない。あえていうなら「答え方」を見せる芸人だ。我々は「松本人志の取り組み方」を見て楽しんできたともいえる。

そう考えるとダウンタウンに影響を受けた芸人側のひとつの特徴を思い出す。よくも悪くも破天荒で根っからの芸人気質というよりは、ゲームを攻略するようにネタをつくるタイプが増えたように思う。

さしずめ今ならeスポーツが得意な10代に感じる匂い。これは松本さんの影響そのものではないだろうか。

松本発言に関しては「ドーピングだからダメなどと言い出したら、歴史上の多くの芸術作品がダメということになってしまう」という批判もあった。つまり松本人志は無教養だと。

これに対しては興味深い記述がある。『文藝春秋』4月号で吉本興業の大﨑洋共同代表が「芸人・松本人志」を語っている企画があった。そこで大﨑氏は「松本人志は平凡さと非凡さを併せ持っている」とし、

《彼は、今の日本におけるごく平均的な生活を送ろうとするんです。古今東西の本を読むとか、古典的な映画を観るとか特別なことをするわけじゃない。普通に朝起きてご飯を食べて、友達と遊んで居酒屋で飲んでという平凡な生活の中で、非凡なものを生み出そうとするのが正しい形やというのが、松本の意見やと思いますね。》

と語っていた。これ、凄いことだと思いませんか？　つまり松本さんからすれば本や映画から吸収するのも「ドーピング」になるのかもしれない。

たしかに我々は本や映画で知識を高め、それを栄養にして何かヒントになればと考える。それは良いことだと思っている。しかし松本人志さんからすれば「それすらも反則」なの

かもしれない。

あくまで素やシラフの何もない状態でヨーイドンで勝負する。それがもっとも平等だと考えている可能性がある。何もない時点の天賦の才で勝負しようや、という考え。

こうなるとやはり天才しか勝てないということになる。新聞を多数購読し、その読み比べを売りの一つにしている私は凡才中の凡才である。苦笑いしてしまう。

もちろん、古今東西の教養を知ろうと思わないという態度は反知性主義になる。

知性や教養とまで言わなくても、世の中にある「おもしろいもの（古典的な映画や本など）」に松本さんは興味はないのだろうかと不思議に感じるが、「自分がいちばんおもしろい」と思っているのかもしれない。そう考えると納得がいく。一般の人は真似しないほうがいい。

松本さん自身も最近『ワイドナショー』でのコメントに賛否が目立つのは、「天才の自分が感じたニュースへのコメント」としてセンス1本で勝負するから、ファクトやリテラシーを重視する人からすれば危なっかしく見えるのだと思う。

そういう意味では、芸人・松本人志は「無頼派」なのかもしれない。昭和芸人の無頼とは違い「何にも頼らない、センスのみ」という意味ですが。

とても私には真似できません。私は今の自分にできることをするのみです。いろいろなものを見たり読んだり調べたりして元々の自分に「下駄をはかせる」しかない。凡才はそういう作業をしていかなければならないのだ。なんだかスッキリしたのです。

＊＊＊

●センス一つでニュースを語ることの危うさ

以上が2019年に書いたコラムです。ここからは2023年末からの週刊文春による松本人志報道を受けたうえで考えたことを書いていきたい。コラムの後半にも書いていた、「天才の自分が感じたニュースへのコメント」の部分です。

「ドーピング」をせずにセンス一つで勝負しろというのは、「お笑い」に関してならまだわかるのです。天然の自分で勝負する、シラフでなければダメ、というのは天才の言い分として理解できる。

ところが、これが「ニュースへのコメント」となったらどうでしょう？　松本さんは『ワイドナショー』に出演していた頃、そのコメントが認識不足として批判されることも多かった。あの番組はオープニングで「普段スクープされる側の芸能人が個人の見解を話しに集まるワイドショー番組です」と、あくまで「個人の見解」「主観」で成り立っていると説明していた。

私はニュースを主観だけで語るのは危ういとずっと感じていた。事実として確認されたものや、裏付けされた幾重もの背景を頭に入れたうえで「主観」を語らないと意味がない。しかし松本さん側は、ニュースの記事などを読むなどして深掘りした上で語るのはまさに「ドーピング」行為だと思っていたのではないか？

それは危うい。かなり危険だ。しかも前項に書いたように、それがマスコミへの私怨や批判を前提にコメントを組み立てていたら「ポストトゥルース」そのままになる危険性はないだろうか？

ポストトゥルースとは、

《「真実後、脱真実」の意》。世論の形成において、客観的事実よりも感情的・個人的な意見のほうがより強い影響力をもつこと。受け入れがたい真実よりも個人の信念に合う虚偽が選択される状況をいう。ポスト真実。》（デジタル大辞泉）

である。

２０２４年の年頭から松本人志氏はテレビから消えたが、その代わりにＳＮＳでは松本擁護派と批判派の真偽不明の声が今日も飛び交っている。まさに「ポスト真実」の加速を見せつけていないだろうか。

（書き下ろし）

第7章

ネットニュースとコタツ記事

スポーツ紙が量産する「コタツ記事」書き手の正体は?

●本当にプロの記者が書いているのか?

今回は「コタツ記事」について考えてみたい。

コタツ記事とは、テレビ番組での芸能人やコメンテーターなどの発言をそのまま引用して伝える記事だ。中には著名人のSNSやブログからコピペしただけのように見えるものもある。取材をせず、コタツの中に入ったままで書けるから、そう呼ばれている。

最近の具体例をあげてみると、

『アンミカ　水原一平容疑者の「巧妙な手口を見るほど、計画性……より裏切られた気持ち」』(デイリースポーツオンライン・2024年4月12日)

『上沼恵美子　冠番組打ち切りに恨み節「どれだけオゴったか」「肉、ふぐ、エスカルゴ」』(東スポWEB・同4月14日)

『吉瀬美智子「急なお誘い」で集合した4人に「素敵すぎる」「美女の大渋滞」の声』(日刊スポーツWEB・同4月15日)

『アジャコング　本名イジリに激怒「書くな呼ぶな」「惨めでキモイだけ」事務所NGにしていると明かす』(スポニチWEB・同4月15日)

と、このようにテレビ番組での発言、インスタグラム、Xでの発信をそのまま記事にしている。

「コタツ記事」と誰が言い始めたのか調べてみると、ITジャーナリストの本田雅一氏が3年前に

「コタツ記事という言葉はちょうど10年前に筆者が造語したもので間違いない」と書いていた(ITmedia NEWS・2021年1月7日)。

この時期に「コタツ記事」があらためて注目を集めた理由は、朝日新聞デジタルが『やめられぬ「こたつ記事」スポーツ紙が陥ったジレンマ』(2020年12月19日)という記事を掲載したからだ。

朝日新聞によれば「コタツ記事」は、

《コロナ禍に伴う緊急事態宣言でスポーツの試合やイベントが中止になり、記者が現場で取材することが難しかった。「対面の取材が減る中、ネットを見て記事を書くことが増えていた」。》

なるほどコロナ禍がさらなる量産のきっかけだったのか。

そして、コタツ記事の問題点として、

・労力をかけずにＰＶを狙うこと
・報道機関に求められる「価値判断」や「検証」といった役割の放棄
・検証しないまま報じることでうそや間違いを拡散させてしまうこと

などを指摘している。

その一方、「コタツ記事はやめたいが、ＰＶは必要。どうすればいいのか」と悩むスポーツ紙関係者の声も載っていた。

スポーツ新聞好きな私は、本当にプロの記者がコタツ記事を書いているのかとずっと半信半疑だった。もしかしたら外部発注しているのでは？　とも想像していた。

なので、今回文春オンライン編集部経由でスポーツ新聞関係者に聞いてもらった。すると、

「ウチは外注などなくすべて記者が書いています。次の日の会議で主な記事のページビューが発表されるのですが、誰が書いたかまで発表されます」

という答えが返ってきた。やはりコタツ記事はプロの記者が書いていたのである……。「PV獲得」のためにお仕事として割り切っているのだろうか。

●「最高のコタツ記事」を目指す

私がコタツ記事の問題点だと考えるのは「取材せずに書ける」とか「誰でも書けそう」という部分ではない。「で、この件についてあなたはどう思うの？」という部分だ。

ここで紹介したいのが、「週刊文春」で能町みね子氏が書いていたコラムである（2023年12月7日号）。能町さんの連載「言葉尻とらえ隊」は、ニュースやCM、芸能人のブログやXなどで見聞きした一言を調べ、掘り下げている。

能町さんは次のように書いていた。

《以前から私は冗談で、私自身のこの連載について「最高のコタツ記事を目指す」と言っていました。実際、私はネットを掘り起こして論考を加える手法なので、コタツから出ず

にコラムを作れる。今後、私みたいな手法のものをコタツ記事と呼ぼうよ。》

そして、

《じゃあスポーツ紙のあれは何かというと、やはり「盗用」あるいは「剽窃」でしょう。犯罪っぽい名前にしないと止まらないよこれは。》

そうそう、コタツに入ったまま書けるから悪いんじゃない。論考や論評がないからダメなのだ。やはりここでも指摘されている。私は能町さんと2024年3月にトークライブを行ったのだが、そのときにコタツ記事の話も出た。

ネットを掘り起こして論考を加える〝能町手法〟には常々敬服していたので、まさにプロのコタツ記事だと伝えた。そして私がやっている当コラムも新聞や雑誌の読み比べが武器なので、コタツ記事であると自負している、と。

大事なのは何を引用するかであり、見つけた記事に対する論考をどう展開するかだろう。能町さんを見習いつつ、「お互い最高のコタツ記事を目指しましょう」ということになった。

●スポーツ新聞だけじゃない

さて、最後に「（悪い意味で）究極のコタツ記事」を紹介したい。多くの方はスポーツ新聞のネットニュースをコタツ記事だと思っていないだろうか？　でも上には上があるのだ。私が思う究極のコタツ記事はこれだ。

『麻生氏、上川外相の容姿に言及「そんなに美しい方とは言わない」』（朝日新聞デジタル・1月28日）

自民党の麻生太郎副総裁の講演で上川陽子外相を「新しいスター」と持ち上げる一方、「そんなに美しい方とは言わない」「おばさん」と容姿に言及する場面があったという記事。

リード文の最後を紹介しよう。

《発言が物議を醸す可能性がある。》

これでは有名人の発言だけを載せるコタツ記事そのものではないか。いや、自分で火をつけておいて、あとは他人が怒るのを待つだけというイヤらしさは、通常のコタツ記事よりずっと姑息だ。朝日新聞はなぜこの時点で麻生氏の発言がダメな理由を書き、批判をしなかったのか。

冒頭で紹介した記事を思い出してほしい。朝日新聞が書いた『やめられぬ「コタツ記事」スポーツ紙が陥ったジレンマ』だ。ここで何を書いていたか？

《ツイッターなどでの著名人の発言に批評や検証を加えず、そのまま紹介する記事はネットメディアなどで10年ほど前から目立っていた。》

同じ手法を使っているのに、この二枚舌はなんなのだ。ちなみに朝日新聞はコタツ記事の「解決策」として、「マスメディアはＰＶ競争からは撤退し、有料でも読まれる記事の発信に力を注ぐしかない」という識者の言葉を紹介していた。朝日新聞さん、他人事ではないですよ。

ということで、今回は「究極のコタツ記事」について論評してみました。

（初出：「文春オンライン」２０２４年4月16日）

過激なネットニュースの作り方を身をもって体験

●検証抜きのコタツ記事はなぜ危険か

引き続き、コタツ記事についていろいろと立体的に考えていきたいと思います。メルマガの２０２４年４月22日号を元にして書きます。

前項で、「論評の不在」がコタツ記事の最大の問題点では？と書きました。では、論評の不在は「労力をかけずにＰＶを狙うこと」以外にどんな悪影響があるのか。

それは、

・報道機関に求められる「価値判断」や「検証」といった役割の放棄

・検証しないまま報じることでうそや間違いを拡散させてしまうこと

です。

これは朝日新聞が２０２０年12月に出した『やめられぬ「こたつ記事」スポーツ紙が陥ったジレンマ』という記事に載っていた問題点です。

たとえばですよ、『吉瀬美智子「急なお誘い」で集合した４人に「素敵すぎる」「美女の大渋滞」の声』（日刊スポーツＷＥＢ）みたいな、そのままインスタからコピペして書いてる記事は脱力感しかないですが、正直この手ののんきなコタツ記事には罪はない。

しかしですよ、インフルエンサー的な人や、ネットで声がデカい人による真偽不明の発言、悪意や誹謗中傷みたいな発言をそのままコタツ記事にしてしまったらどうなるか？

先ほどの朝日の記事には具体例が書かれています。

《新型コロナウイルスの感染拡大防止策などをめぐり、美容外科「高須クリニック」の高須克弥院長が今春、愛知県の大村秀章知事をツイッターで激しく批判した。中日スポーツは高須氏の投稿を引用し、約10本の記事を配信。「強烈ダメ出し!!」「終わりなき集中砲火!!」といった見出しもつけた。》

攻撃的な言葉をそのまま引用したことや、大村知事側の反論を載せていないことを疑問視する声が局内から上がり、中日スポーツは記事を削除して謝罪したという。

そしてこんな例も。

《日刊スポーツも昨年2月、タレントのフィフィさんによる「立憲民主党の蓮舫参院議員が児童虐待防止法改正に反対した」という趣旨の誤りを含むツイートを引用し、「フィフィ、蓮舫氏に児童虐待問題『真意を問いたい』」という見出しの記事を配信。約6時間後、「事実関係について十分に確認しないまま、掲載をしてしまいました」と謝罪して記事を削除した。フィフィさんも誤りを認めてツイートを削除し、蓮舫氏に謝罪した。》

いかがだろうか。のんきな話ではなく一気に深刻なデマ拡散になってしまうのだ。どうしてこういう記事を書くかと言えば「読まれる」からだろう。PV稼ぎになるのだろう。SNSで声がデカい人は「刺激が強くてネタになる」からだ。なんなら本人がリツイートして拡散してくれる場合もあるだろう。

だから検証抜きのコタツ記事は危険なのである。

●「ウケる」「稼げる」からやるえげつない側面

それでいうと、「東スポ」のWEB記事は要注意だと思っています。

東スポに関してはユニークなキャラという面もありますが、「WEB版」はちょっと狙いがえげつない部分がある。たとえば百田尚樹氏とか高須克弥氏とかのWEB記事が多い。

私のメルマガ「プチ鹿島の思わず書いてしまいました！」2021年5月3日号で、東スポのWEB記事に関して気づいたことを書いているので、以下に抜粋します。

＊＊＊

百田尚樹氏とか高須克弥氏とか、発言をそのままネット記事にしていることが多いのだ。当初は気のせいかと思っていたのですが、こうして「ネット記事に力を入れ始め、デジタル部門の売上が3倍以上伸びた」という証言を知ると、あー、もしかしてアクセス数を伸ばす「ノウハウ」の一つとしてやっているのかな？　とも推測できるのです。

たしかに「ネットで影響力のある、声の大きい人」の発言をそのまま記事にすると数字は稼げるのだろう。しかし、その発言の流しっぱなしはどうなのか？

その発言に対して「論評」を加えたものならともかく、書きっぱなしとなると非常に危うい。愛知のリコール不正問題でもキーマンの方たちですから。

でも数字は稼げるからそういう声の大きい人たちの刺激的な言葉をそのまま記事にしてしまう。そんな気配を感じていました。

もしこの戦略が「売り上げが伸びた」という要因の一つなら正直深刻だなぁと思う。

以上、抜粋を終わります。

ああ、朝日新聞のコタツ記事特集よりいいこと書いているではないか。言っていることも大体今と変わらない。我ながら安心した。

さらに言うと、このときは《東スポが右傾化とかいう話ではなく、数字を稼げるコタツ記事をビジネスとしてやっているからです》とも書いています。

これは、斉加尚代氏の著書『何が記者を殺すのか』で指摘されていることにもつながります。この本ではネット上でのバッシングやデマについても取材しているが、仕掛ける側は「ウケる」からやるという理由もある。それはプロからすれば「稼げる」という言葉にも変換できるのだ。かなり深刻な話です。

＊＊＊

●ヤジと罵声が飛び交う選挙戦の現場で

さて、ここからは私が先週実体験した報告です。

私とダースレイダーは先週火曜、２０２４年の衆院東京15区補選の乙武陣営の第一声について現場を見ました。

現在、小池百合子氏の学歴詐称問題がまだ火を噴いています（しかも元身内からの告発）。そうした小池氏の混沌とした現在の状況を見たかったからです。どんな聴衆がいてどんな雰囲気なのか、現場を見たかったからだ。

先週火曜午前11時、亀戸駅前に向かいました。すると、やはりというべきか小池氏が登場すると（正確にはその前から）、聴衆からはヤジが時折飛んでいました。『ヤジと民主主義』という映画もあるように、聴衆のヤジだって現場にはあるだろう。

しかし想定外だったことがありました。聴衆だけではなく、なんと「候補者」からもヤジ、いや、罵声が飛んでいたのだ。

どういうことか？

他の候補者と陣営（つばさの党）が、乙武氏の街宣カーのすぐ隣につけていたのだ。そして拡声器を使って「演説」していたのだ。それは演説というよりまさに妨害だった。しかし本人も出馬しているのでその「演説」には乙武陣営もスタッフも警察も何も言えない。しまいには乙武氏や小池氏の目の前までいって罵倒したり、電話ボックスにのぼって「演説」していた。

かなりの大音量なので乙武氏や小池氏の演説がなかなか聞こえない。さすがに私は乙武氏や小池氏に同情的な気持ちになった。

これには本当に驚きました。今まではマナーというか前提として「そういうことをやる候補者はいないだろう」という暗黙の了解で成り立っていたのが、そうではなくなったのです。

ダースさんとこの光景を見て、「民主主義にとって深刻な課題になるかもしれない。28日のトークライブでもこの点についてじっくり語り合いましょう」となった。そういう話をしている場面もロフトのスタッフが撮影してくれていた。

これは本当に深刻で、つばさの党の陣営に目の前で「演説」されないために、乙武氏の陣営は街宣スケジュールを出せないようだった。これは立憲とか日本保守党らの他陣営もそうらしいのだ。

街宣とはなにか？　やはり現場を見ることの大事さを痛感した。

●妨害演説を煽っているような見出しをつけられた

ダースさんと現場でそういう話をしていたら、同じく現場にいた東スポの記者が今日の話を聞きたいというので私たちは取材に応じた。その記事がこちらだ。

『乙武洋匡&小池都知事にヤジ殺到！ プチ鹿島&ダースレイダー「これが見たかった」』
（東スポWEB・2024年4月17日）

あれ、この見出しは危ないですよ、危ないです！
記事も抜粋します。

《――他候補者が乙武氏の過去の女性問題や小池氏の学歴詐称疑惑に野次を飛ばすなど、異様な光景だった。
プチ鹿島　騒然としてましたよね。乙武さんも（ヤジに）負けずに声がデカかった。僕は東スポのプロレス記事を見て育ったので騒然とした場を見たいんですよ！ 本当に来てよかった。
ダースレイダー　僕ら「選挙はお祭りだ」というキャッチフレーズで見てる。なかなかの祭りだった。》
ああ、危ないですよ、危ないです。
この見出しだと、乙武氏や小池氏が罵声を浴びたので「本当に来てよかった」と私が言ってるようにも読めますねぇ。危ないですよ。

しかも私が「騒然とした場を見たいんですよ！」と言うのは、先述したように「一般聴衆の小池氏への様子」「それに対する小池氏の振る舞い」なのだ。現場でしか確認できないものを見たかった、と言ったのです。

でも、拡声器で大声で「演説」しているつばさの党陣営のことは論外だから触れなかった。それは迷惑ＹｏｕＴｕｂｅｒをわざわざネタにするようなものだからです。

しかし『乙武洋匡＆小池都知事にヤジ殺到！　プチ鹿島＆ダースレイダー「これが見たかった」』という見出しだと、私たちがつばさの党の行為を肯定しているようにも見えてしまう。危ないですよ。

ダースさんの「選挙はお祭りだ」「なかなかの祭りだった」というのも、私がその前に「選挙は各陣営の喜怒哀楽が詰まっていて、現場を見ると熱があるから選挙漫遊をやってます」という言葉があってのもの。記事ではカットされていたが、この書き方だと他陣営の罵声を楽しんでいるように読めてしまう。

ちなみに、この記事を出した東スポのアカウントは私が数年前から気になっていた、百田尚樹氏とかの発言を熱心に記事にしていたアカウントだった。今回も日本保守党の様子をよく記事にしていた。たぶん読まれるからだろう。その流れで亀戸駅にも来ていたのだろうが、

・刺激的な見出しをあえてつくる
・こちらが話した言葉の巧妙な利用の仕方
・言葉の順番を変えたりする書き方

今回これを身をもって体験しました。ネットニュースのつくり方を亀戸駅前で学ぶ、まさに駅前留学だったのです。

（初出：「プチ鹿島メルマガ」２０２４年4月22日号）

誤解を生むネットニュースが生まれるからくりを見た

●記事を書いた東スポ記者に再会した！

前項で、「東スポＷＥＢ」の記事についての経緯を書きました。私とダースレイダーが東京15区の補選現場で東スポにコメントを求められたら、真意と違う見出しや内容に仕上げられてしまった。

以前から「東スポＷＥＢ」の過激な見出しに関しては書いてきたのですが、今回、皮肉にも自分で体験してしまったのです。

『乙武洋匡&小池都知事にヤジ殺到！　プチ鹿島&ダースレイダー「これが見たかった」』
（東スポＷＥＢ・2024年4月17日）

繰り返しになりますが、これでは一般聴衆だけでなく、拡声器で妨害する候補者の罵声も「ヤジ」に含めているように読めてしまう。私とダースさんはそれを「見たかった」と喜んでいるように読めます。

さらに本文でも、こうした妨害行為を含めて「騒然とした場を見たい」「本当に来てよかった」「選挙はお祭りだ」と私たちが言っているようにまとめられてしまいました。

私とダースレイダーは、拡声器で妨害する他候補者やつばさの党陣営については聞かれていませんでした。「ちょっとお話いいですか」と言われ「今日どうでしたか」的に、大まかな聞かれ方をしただけ。

長年愛読している東スポだから気軽に取材を受けたのですが、、事務所を通さない取材であり、サービス精神で受けた取材だったので原稿チェックもできず、書き放題という状態になってしまっていた。正直「やられた」という感じでした。

一方で、その日の現場はすべてカメラを回していたので私とダースさんが深刻に話をしている様子も収められていた。妨害を喜ぶどころか民主主義の危機だと話していた。なので、選挙の報告ライブ『ヨルカラナンデス』で報告すれば今回のからくりをドキュメントとして話せるという楽しみもあった。芸人たるもの、ネタを何倍にもして返してもらおうと。そういう意味でもライブが楽しみでした。

さて、そんな気分で選挙戦の最終日にまた東京15区の現場に行きました。

すると、あのときの東スポの記者がいたのだ！

私はさっそく彼に話しかけ「ああいう見出しはありなんですか？」「していない質問を後付けするのはありなのですか？」と問いました。

「それがお前のやり方か」と小川直也に詰め寄った長州力を意識しました（東スポだけに）。

すると、「会社の上に確認してみないと答えられません」というのです。このとき、記者は逃げていると感じました。「確認しなきゃ自分でもわからない記事を書いたのですか？」「そんな適当な記事をつくっているのですか」とさらに問いました。

そして提案しました。

「あの日の取材音源はまだありますか？　あるなら確認してください。私たちはつばさの党の妨害について触れていないし、東スポさんも妨害についての感想を聞いていないはずです」

音源を確認すればそれでハッキリする。すると記者はしばらくの間どこかに行った。静かな場所で音源をしらべてくれたのだろう。そして戻ってきて、

「鹿島さんたちはつばさの党に関しては言っていませんでした。私も質問していませんでした」

と認めたのだ。私たちが「興奮している」対象がまったく違うことも改めてわかったと。

●「煽る記事」が生まれるからくり

その上で、記事の経緯も説明してくれた。

現場にいた記者は原稿を書き、デスクに送る。本人が書いた原稿の冒頭は「騒然としてましたね」だったという。

しかしデスクが「これでは何が騒然としているかわからない」として、

「他候補者が乙武氏の過去の女性問題や小池氏の学歴詐称疑惑に野次を飛ばすなど、異様な光景だった」

と修正したのだという。デスクが「他候補者」と追加したと。さらに見出しをつくる部署が別にあり、煽る見出しをつくったとも説明してくれた。

現場の記者が書いた原稿は本人を離れ、デスクや見出し部が「仕上げた」のだ。記者としては「せっかく鹿島さんに取材できてよかったと思って記事を書いたが、申し訳なく思います」と言ってくれた。

私も最初に「会社の上に確認してみないと答えられません」と言われた意味がわかった。

最初は逃げの答えだと感じたのですが、記者としてもどういう経緯で自分の原稿がそうなったのか確認しないとわからないわけです。なので、改めて自分でもひどさを感じたのだろう、「記事の見出しや内容は修正します」と言ってくれた。

念のために書いておくと、デスクが原稿にチェックを入れて原稿をなおすという役割はわかる。それがデスクの仕事だ。私もそれぐらいわかる。

さらに、見出しをつくる人は別というのもわかる。私もそうですが、WEBの編集部は私の原稿を読んで見出しを考える。わかりやすく、読みたくなるようなものを考えてくれる。それらの分担作業は百も承知なのですが、しかしですよ、今回はつばさの党の妨害行為というセンシティブな案件だった。誰もがおかしいと思う件だった。私だって現場で怒りを感じた。そこへああいう刺激的な見出しや本文を出すとちょっとシャレにならなくなる。でも、アクセス数がほしい側はあの見出しで大正解なんだろう。今のメディアの「業」みたいな部分を今回実体験できたのである。

修正された見出しはこちらです。

『小池百合子都知事ヤジにも悠然！　プチ鹿島&ダースレイダー「すごいものを見た」』

あらためて説明すると、学歴詐称疑惑が再燃し、その直後に現場に来る小池百合子氏を見たかったのだ。一般聴衆の雰囲気はどうだったのか、それに対し小池氏はどう振舞うのか？

すると小池氏は平然と笑顔で演説し、しまいには自ら中東情勢を解説し始めた。まさに「カイロ大卒」をアピールするかのように。こういう大物プロレスラー然とした振る舞いに私は「すごいものを見た」「来てよかった」と思ったわけです。見出しもそうした真意に沿ってなおしてくれた。

冒頭の東スポ側の質問も「他候補者」を削り、

《──乙武氏の過去の女性問題や小池氏の学歴詐称疑惑に野次が飛ぶなど、異様な光景だった》

このような修正となった。

念のために、私たちがつばさの党に関して「民主主義の危機だ、問題だ」と現場で話していたことも記事に追加してくれた。この部分を追加しないと、いつまでも悪意を持ってねじ曲げてくる輩がＳＮＳにいたからだ。

こうして普通の記事となったのだが、今回運が良かったと思うのは、記者が誠実に対応してくれたことだ。私と一緒に現場にいた鈴木エイトさんは推移を心配してくれていたので、「修正してくれてよかったですね」と言ってくださった。

メディアによっては書きっぱなしで知らん顔というケースもあるだろう。それを考えれば誠実に対応してくれたと思うが、今回はネットニュースのつくりかたを克明に知ることができてしまいました。

（初出：「プチ鹿島メルマガ」２０２４年5月8日号）

第8章

どうした朝日新聞

赤報隊事件と旧統一教会の驚くべき関連とは

●言論へのテロだった赤報隊事件

先週読んだ週刊誌記事で、いちばん興味深く読んだのが以下の週刊文春の記事でした。

『【検証】朝日新聞と統一教会』（週刊文春・2022年8月31日）

実は朝日新聞の統一教会報道に対して厳しい声が広がっているという。「弱腰」が批判されているというのだ。そんななか朝日新聞と統一教会の関係を調べてみると……という記事なのです。そこに書かれていたのはかなり衝撃的な内容でした。

《今から35年前の1987年5月3日夜、日本を震撼させる事件が起こった。「兵庫県西宮市の朝日新聞阪神支局に男が侵入し、記者に向かって無言で散弾銃を発砲。》

世にいう「赤報隊」事件です。記者がひとり亡くなりました。当時16歳だった私ははっきりと覚えています。新聞社へのテロということは言論へのテロである。しかも犯人は捕まらないまま2003年に完全時効となった。

あれ以降毎年、事件が起きた5月3日前後に朝日新聞は検証記事を出します。風化させないためでしょう。今年はこちらの記事でした。

『「赤報隊」の支局襲撃から35年　116号事件が今に問いかけるもの』（朝日新聞・2022年5月1日）

以下に抜粋します。

《あの日の午後8時15分。阪神支局に散弾銃を持った目出し帽の男が無施錠のドアから入ってきた。いきなり犬飼兵衛（ひょうえ）記者（18年に73歳で死去）を、次に小尻知博記者（当時29）を撃った。小尻記者の体には薬莢（やっきょう）内の容器が入り込み、散弾粒約200個がはじけ、翌日未明に亡くなった。犬飼記者は右手の小指と薬指を失う重傷だった。》

実はこれ以前から物騒なことは起きていた。赤報隊を名乗った犯行声明と脅迫文は、阪神支局襲撃を含めて8件あったのだ。

《87年1月に東京本社の窓に散弾銃が撃ち込まれたのが最初の事件。2日後に声明文が通信社に届いたが、公にはならず、警視庁が弾痕や散弾粒を確認したのは8カ月余り後だった。阪神支局襲撃後の声明文には、東京本社で発砲して「警告文」を送ったが、無視されたとして「天罰をくわえる」と記されていた。》

などなど計8件。犯人の執拗な朝日狙いがわかります。そもそも「赤報隊」とはどういう意味でしょう?

《声明文で使われた「赤報隊」は、幕末に結成された勤皇の志士集団として実在していた。年貢半減を掲げて倒幕のため進軍したが、明治政府に疎まれて偽官軍として処刑された。兵庫県警は近代史に精通した人物が関与した可能性があるとみて、思想的背景を追った。》

このあたりの謎解き、私も事件後にいろいろ読んできました。２００９年には週刊新潮による「大誤報事件」がありました。

『新潮「ダマされた」論を検証 その「言い訳」は通用するか（「朝日襲撃虚報」上）』（Jキャストテレビウォッチ・２００９年4月16日「元木昌彦の深読み週刊誌」）

このコラムは『フライデー』『週刊現代』の編集長だった元木昌彦氏が書いています。犯人と名乗る男に週刊新潮はなぜ騙されたのか。部数減の焦りがあったのでは？とも。

●「統一教会の悪口を言う奴は皆殺しだ」

そんな過去もあり赤報隊事件は未解決の謎のまま。しかし今回の週刊文春の記事で、「赤報隊と旧統一教会の関連」が書かれているのです。

文春で事件を振り返っているのは『記者襲撃』（岩波書店）の著者でジャーナリストの樋田毅氏だ。

樋田氏は次のようにコメントしている。

《当時、発行していた雑誌『朝日ジャーナル』では、原理運動や霊感商法を批判するキャンペーンを行っていましたし、新聞紙面でも教団批判などを続けています。1986年から国際勝共連合が、東京本社前で朝日の報道姿勢を批判する演説を行っていました。87年2月には、『サタン皆殺しだ』という脅迫状が、社に届いていた》

そして阪神支局の襲撃事件から2日後、東京本社に新たな脅迫状が届いた。

先述した、《阪神支局襲撃後の声明文には、東京本社で発砲して「警告文」を送ったが、無視されたとして「天罰をくわえる」と記されていた》のときだ。

その警告文にはこう書かれていた。

「とういつきょうかいのわるくちをいうやつは　みなごろしだ」

統一教会の悪口を言う奴は皆殺しだ、と。

封筒の中には脅迫状とともに、散弾銃の使用済み薬莢が二つ入っていた。脅迫状が送られた時点で、襲撃の際に使われた散弾の種類はまだ公表されていなかったが、阪神支局を襲撃した際のものと「同種」のものだったという。

文春でコメントしていた樋田毅氏の『記者襲撃』は2018年に出されたものだ。本書では統一教会のことは「α教会」と書いていた。他には新右翼を取材しながら、さまざまな可能性を探っていた。なので、統一教会があらためて注目される現在、樋田毅氏の過去の著作とコメントに注目がいくのは当然だろう。赤報隊の真相は今も謎ですが、いずれにしても朝日新聞は「弱腰」と書かれないために奮起してほしいものです。

●五輪汚職事件を社説で扱わなかった朝日

さて、私がここで皮肉な「擁護」をすると、朝日新聞が弱腰なのは旧統一教会問題だけではありません。

東京五輪組織委の高橋元理事の「五輪汚職事件」はずーっと社説で扱いませんでした。2022年7月20日に読売が報じて以降、朝日も社会面ではちょこちょこ書くのですが、なぜか社説や天声人語でネタにしませんでした。他紙は皆社説で書いているのに。

そんなわけなので、私は朝日新聞デジタルで1人でツッコんでいました。私は朝日の「コメントプラス」（記事にコメントする機能）でコメンテーターをやっているのですが、7月後半はほぼ五輪問題についてコメントしていました。

ちょっと並べてみます。

7月27日

朝日新聞は東京五輪のオフィシャルパートナーでした。高橋元理事側に資金提供をしたAOKIホールディングス（HD）より上位のスポンサーです。オフィシャルパートナーになって朝日が感じたメリット・デメリットを総括した記事が読みたいです。これは嫌味で言っているのではなく、マスコミが率先して振り返らないと「五輪という興行」「興行とカネ」「アスリートは商売の盾にされているのでは」という読者側の疑念は晴れないままです。このまま札幌五輪も興行として支援するのでしょうか？　見解を聞かせてください。五輪とカネについてどう思っているのかスポンサー視点で書いてください。

7月29日

読売の一報からすでに10日程経ちますが、朝日社説は「五輪組織委元理事とスポンサーとの疑惑」についてまだ取り上げていません。読売、産経、毎日、日経、東京は社説で書いています。あと天声人語でも触れていません。明日こそ楽しみにしています。

7月30日

朝日の社説や天声人語は本日も「五輪組織委元理事とAOKIの件」をスルーしています。

これだけの大ネタを約10日間も触れないのは本当に不思議です。まさか自分もスポンサーだから？　観察が面白くなってきました。明日こそ期待です。

こんな感じで7月末は五輪と朝日についてばかりでした。朝日新聞デジタルのコメンテーターだからこそ率先して書いたのですが、朝日内ではかなりウザがられたに違いない。しかし、いつ辞めてもいいと思ってるので気にせずに書きました。

ところが社説は、見事に高橋逮捕までスルーしていたのです。読売と検察のタッグによる「スクープ」だったから意地もあったのかもしれないが、でもそういう理由だったら余計にアホらしい。もしくは検察リークなんか全乗りしないぞというなら、そういうことを匂わせばいいのだ。しかしそういう振る舞いもない。

つまりですよ、世間では朝日は旧統一教会問題に弱腰だと言われているなか、私は一人で「朝日は五輪問題に弱腰ではないか」とツッコんでいたわけです。

これは何を意味するのか？　単なる偶然なのか？

あまり踏み込んだ記事を先に書かない、「ほどほど」の記事でおさめておくという姿勢なのだとしたら、組織ジャーナリズムとして機能が低下しているだけでは？　とも思えます。

ここらへんはまだ見立ての段階ですので、今後も注意深く見守っていきたいと思います。

（初出：「プチ鹿島メルマガ」２０２２年9月5日号）

朝日新聞への絶望と、地方紙の果たす役割

●沖縄での偶然の出会い

先週、沖縄へ行って参りました。地元紙の「琉球新報」に招かれて講演をやってきたのです。会員制の講演会組織「琉球フォーラム」というのがあり、毎月ゲストを呼んで開催しているという。過去の講師にはゴルバチョフもいてびっくり。

妙にお固くならずに、私は「新聞の楽しみ方、地元紙の役割」というテーマで80分話しました。前半は新聞読み比べの意味や楽しさについて。後半はここ数年あらためて感じている地元紙の役割について話した。

たとえば秋田魁新報のイージスアショア報道、中国新聞の政治とカネ報道などをおさらいし、最後に沖縄の地元紙について語った。

講演した翌日に中国新聞がまたスクープを放ったのでタイミング的にも良かった。今回は官房機密費についてでした。

『安倍氏、2013年参院選で候補者に現金100万円「裏金」か』（中国新聞・

2024年5月9日）

さて、沖縄ではうれしい再会もありました。朝日新聞の記者だった南彰さんにお会いできたのです。南さんは朝日新聞を辞めて琉球新報に移籍されたのだ。

私は南さんが新聞労連の委員長時代の2017年暮れに初めてお会いした。新聞業界の方々が集うイベントでした。あのとき南さんはまだ30代で委員長を務めていた。

南さんは新聞労連委員長を務めたあと、朝日新聞に戻って再び政治部の記者となった。「エース」とも言われていた記者だった。

しかし南さんは昨年（2023年）、朝日新聞を退職した。なぜか？　朝日に「絶望」したからです。

スター記者の退社はマスコミでも騒がれた。文春に報じられてニュースになったぐらいその退職は衝撃だったのです。

南さんは琉球新報に場を移し、4月末に新刊を出した。タイトルは『絶望からの新聞論』。なかなか売れているようで、注文して届いたのが沖縄へ行く前日でした。面白いので飛行機の機内で一気に読んだ。そして現地で南さんに再会できたのだ。今回の講演のタイミングはすべて偶然。なんともうれしい流れでした。

それにしても『絶望からの新聞論』には圧倒されました。今回はその内容について少し語ってみたい。

●批判を極度に恐れるようになった朝日の変化

南さんが朝日に「絶望」を感じたのは社内の変化だった。たとえばここ数年の朝日上層部は、ネット上で朝日新聞が批判されることを極度に恐れていたという。

やはりそうだったのかと思いました。実感ですが、朝日はやたら腰が引けていると思うこの10年だった。南さんによれば、きっかけは2014年の「慰安婦」の過去記事訂正報道、吉田調書報道などがあったが、バッシングをきっかけに上層部は批判を恐れ、「管理」を強化するようになったという。

広報部を訪れたとき、「南さんのＳＮＳも毎日見ていますよ」と言われたという。

《朝日に関する投稿を三〜四人でチェックしている部屋で、担当者がパソコンの画面を見せてくれた。社員のＳＮＳでの投稿内容や「炎上」を監視するタイムラインが映し出されている。その結果をまとめたレポートが平日は毎日、経営陣や所属長にメールで

送られていた。》（『絶望からの新聞論』）

一方で、デジタルの数字や反応ばかりを追いかけるようになり、記事もデジタルで読まれやすい「消費するニュース」に傾いたという。

《取材の出張申請のときに、「その記事で有料会員はいくつとれるの」と口にする編集局幹部まで現れた。》（同前）

なるほどなぁ。デジタルで読まれやすい「消費するニュース」か。これにも心当たりがある。要は、毒にも薬にもならぬ記事が増えたということだ。

たとえば、社会学者の西田亮介氏はそれを「エモい記事」と名付けている。具体例としては、「地元で愛された店が閉店する」「学校教員の小話」など日常描写ものの記事だ。読まれやすい「消費するニュース」とか「エモい記事」だと、新聞社としては批判もされにくい。おまけに読みやすいのでアクセス数もよいのだと思われる。

しかし、報道としての価値は謎だ。私がここ数年感じていた疑問だった。これについて朝日の内部にいた南氏が「批判されたくない、そして数字は欲しい」という新聞社の実情を書いていたので納得したのである。

これって前章で書いたスポーツ新聞のコタツ記事や、見出しを煽った「ネットニュースのつくりかた」と同じ根っこの話にも思える。新聞業界にとっては厳しい時代で「紙」が売れなくなってきたから、ネットで安いコタツ記事や刺激的な記事に走る。まさに「貧すれば鈍する」だ。

●安倍元首相銃撃時のゾッとする態度

さらに南さんにはこんな絶望エピソードがあった。

今から2年前（2022年）の「7月8日」だ。安倍晋三元首相銃撃事件が起きた深夜に、

《参院選報道を仕切っていた先輩の政治部デスクが突然、ニタニタしながら近づいてきて、「うれしそうだね」と話しかけてきたのだ。事件の一報を受けたとき、銃撃事件は「メディアの敗北」と受けとめていた。言論によって社会を変えていくことを信じられなくなった末の凶行だと思ったからだ。》

それにもかかわらず、

《朝日の政治報道の中核を担っている人間が事件を笑っている。人の命を暴力的に奪う殺人と、言論による安倍政権批判との区別もつかない状況に慄然とした。

「あなたのような人間は政治部デスクの資格がないから、辞めるべきだ」

そう指摘した。しかし、「僕、辞めろって言われちゃったよ」と茶化して何の反省もなかったどころか、その後もしつこくつきまとわれた。》

読んでいてゾッとします。

《冷笑に満ち溢れた管理職が跋扈する姿は、近年の幹部のもとで進んだ人心の荒廃を象徴するものだと感じた。》

ここは、とても大事な部分だと思う。

朝日は「批判を浴びること」を極度に恐れ、記者を管理し始めたのだという。ＳＮＳは監視され、自由に本も出版できなくなった。言論が仕事なのに！

これが本当にジャーナリズムを担う人たちなのか。読んでいて悲しくなったし、南さんのような記者が退社を決意するのも心から理解できたのだ。

●私が「コメントプラス」を辞めた理由

それでいうと、私は昨年（2023年）末に「朝日新聞デジタル」がおこなっている有料会員向けのサービス「コメントプラス」を辞めましたが、南さんの著書を読んだら本当に辞めて良かったと思ったのだ。

私が「コメントプラス」を辞めたのは、忙しくてしょっちゅうコメントができないからでした。これが最大の理由。でも、メルマガでも書いたとおり「辞めたい」と1年くらい前から考えていた。

たとえばジャニーズ問題で「朝日新聞の検証記事も読みたい」とさんざんコメントを書いたのですが、朝日の記者や記事自体には反応がなく、「ああ、ガス抜きに使われているのかも」と感じ始めたのです。言いにくいことは「外部」のコメンテーターに言わせているのだろうなと。

自分で言いますが、私のコメントはアクセス数がいつも高くて朝日の人には喜ばれていたのですが、いずれ辞めようと考え始めたのだ。やる気もなくなり、コメント回数も徐々に減らし、昨年末に辞めた。

そしたら今回、すべて話がつながったように感じた。

朝日新聞はデジタル会員の獲得に力を入れたのだろうが、内実はジャーナリズムとは程遠い上層部に支配されていた可能性がうかがえる。コメンテーターを辞めて正解だったのではないか。

さて、自分の話はいいとして、南さんの決意には納得でした。沖縄の新聞を選んだ理由も「より、地元の人と一緒に」というものだ。

そう、私がここ数年感じていた「地元紙の役割」そのものである。地元紙の記者はまず地元で生活する当事者である。だから当たり前だけど読者と視線が一緒。基地を多く抱える沖縄では、生活者としての問題意識がある。だから沖縄の地元紙を選んだのだろう。

安倍氏が亡くなった夜、安倍政権の振る舞いを書いてきた南さんに「うれしそうだね」とニタニタ声をかけてきた上司は、声を上げて抗議する人びとを冷笑し、茶化していた。そうした風潮は世の中全体に広がっている。

《市民社会でいろいろな声をあげている人々がそういう形で冷笑される風潮が強まる中、

記者でもある僕がそれと向き合わなかったり、ましてや冷笑を容認してしまえば、これは記者としての役割を果たしたことにはならないでしょう。》

というわけで、『絶望からの新聞論』がおすすめです。希望は地元紙にある。

（初出：「プチ鹿島メルマガ」２０２４年５月13日号）

読者を小馬鹿にする朝日新聞の冷笑主義

●私たちはなぜニュースを見るのか

私たちはなぜニュースを見るのだろう。読むのだろう。

自分のことを言うと、新聞を14紙購読しているが、きっかけは噂やゴシップの真相を知りたくて情報を読み比べていたら今に至った。野次馬だと自覚している。

では周囲はどうなのだろう。ＴＢＳラジオの番組『東京ポッド許可局』で共演しているマキタスポーツ、サンキュータツオに聞いてみた（２０２４年3月16日放送分）。

マキタさんは「世の中の動きを知ることで〝より生きている〟感じを確認するため」と教えてくれた。タツオは「好奇心からニュースに興味を持ったが、そのうち情報を摂取することで怒りを感じるようになった」という。

就職氷河期世代のタツオは、ニュースを見ても生活が良くなる実感がなくて孤立感があったという。「徐々にニュースを知らないほうが安寧に過ごせるのでは？」と思うようになり、一人の力では何も変わらないという無力感しかなかったと。

ただ、「こんなに頑張っている人がいるんだということを知るために、やはりニュースを追っている。選挙の投票にも行っている」と彼は言った。

私は彼らと語り合いながら、あらためて「ニュースを見る理由」を思い出した。それは「理不尽な目に遭っている人を知るため」「困っている人がいることを知るため」だと。

たとえば非日常やエンタメでの「理不尽」なら別にいい（徹夜で予想した日本ダービーの馬券があっさり外れるとか）。

しかし、日常の世界でいくら努力しても理不尽が襲うなら？　性別とか年齢とか国籍とか肌の色とか環境とか、どんなに努力しても壁があるなら？　それは本人の責任じゃない。政治や社会が取り除くべきなのだ。

ところが政治や社会が壁になっていることもある。なので「理不尽な目に遭っている人を知るため」にニュースを見なければいけない。そもそも、自分だっていつ理不尽な目に遭うかわからない。いや、気づかないだけでもう遭っているかもしれない。だからニュースを見るのだ。考えるのだ。

●読者からの相談に対する「冷笑」回答

なぜこんなことを書いているのかと言えば、朝日新聞に読者からの「相談」が載っていたからだ（2024年5月18日）。

相談者は「世界の理不尽に我慢できない」という。ロシアの軍事侵攻、イスラエルのガザへの攻撃、トランプ前大統領の振る舞いについて考えると「絶望的な気分になり、夜も眠れません」。しかし憂えたところで何をするという手立てもなく「だったら新聞報道など見なければよいのですが、社会問題から目を背けるようで気が引けます」という。

海の向こうのことなど気にせず、このまま自分の生活を平穏に送ることだけ考えればよいのか？　どのように気持ちを保っていけばよいか？　という相談だった。

まさしく「なぜニュースを見るのか」論である。理不尽を知ることはモヤモヤするだけでなく怒りを伴うだろうが、でもニュースを見るという姿勢は大事だと思う。

権力者は「どうせ庶民は時間が経てば忘れるさ」と高をくくって「無かったことにする」のが常套手段だからだ（裏金問題への対応なんてまさにそうではないか）。

なので、ニュースを見て思い続けるだけでも有効な手立てだと相談者に声をかけたくなった。

記事では、タレントの野沢直子氏がアドバイスしていた。「そんなに心配なさっているのなら実際に戦場に出向いて最前線で戦ってくればいい」と。「そんなことを嘆く前に、今自分が幸せなことに感謝して自分の周りにいる人たちを大切にしましょう」とも述べていた。

これだと、理不尽を実行している側からすればシメシメと思うアドバイスである。選挙に行っても無意味と言う人を見てシメシメと思う人がいるのと同様だ。どうせあなたが憂いても社会は変わらないのだから無駄なことはやめよう、という囁きにも聞こえる。

私がさらに驚いたのは、朝日新聞の藤田直央・編集委員がこの記事にコメントしていた内容だった（デジタル版のコメントプラスという機能で）。

《「そんなに心配なさっているのなら実際に戦場に出向いて……」。野沢さんの回答、ぶっ飛んでいるようで重いです。そこまでしなくても、沖縄に行かれて、本土ではまれな米軍基地と隣り合わせの生活をご覧になればどうでしょう。相談者の方がそこで「不正義や理不尽」を感じたなら、同じ日本人として声を上げるという「手立て」があります。あ、この相談者の方はそうした境遇の方なのかもしれませんね。そうでしたら誠に失礼しました。》

ここまで読者を小馬鹿にする「新聞記者」とは何なのだろう。最後の「そうした境遇の方」って何だろう。理不尽に怒る当事者を冷笑している。

同様に違和感を抱いたのは、この記事の「宣伝」にSNS上でいそしむ朝日新聞の人たちでもあった。バズればそれでいいのか?

●批判を恐れて「管理」を強化するように

実はこれら「朝日の冷笑」の答え合わせになる本を最近読んだ。『絶望からの新聞論』(地平社)だ。著者の南彰氏は朝日新聞を昨年退職した。

南氏によるとここ数年、《上層部はネット上で「また朝日が」と書き込まれることを極度に警戒していた。》という。

吉田清治氏による虚偽の証言に基づく「慰安婦」の記事と、福島第一原発事故の政府事故調に関する吉田昌郎所長の調書に対する記事を巡り、朝日新聞は批判を浴び続けた。読者としての実感でも、あれ以降の朝日は腰が引けた印象があったが、本書によれば朝日上層部は批判を恐れ「管理」を強化するようになった。

広報部を訪れたとき、「南さんのSNSも毎日見ていますよ」と言われたという。

《朝日に関する投稿を三～四人でチェックしている部屋で、担当者がパソコンの画面を見せてくれた。社員のSNSでの投稿内容や「炎上」を監視するタイムラインが映し出されている。その結果をまとめたレポートが平日は毎日、経営陣や所属長にメールで送られていた。》

一方で、デジタルの数字や反応ばかりを追いかけるようになり、記事もデジタルで読まれやすい「消費するニュース」に傾いたというのだ。

《取材の出張申請のときに「その記事で有料会員はいくつとれるの」と口にする編集局幹部まで現れた。》

読まれやすいニュースの具体例には、朝日新聞デジタルで配信された『京大卒ジョーカー、挫折の先の自己実現　ウケ狙いから当選への分析』（２０２３年5月30日）がある。虐待や性被害などにあった女性を支援する一般社団法人「Ｃｏｌａｂｏ」の東京・歌舞伎町の活動現場に出向いて、冷笑的、差別的な言葉を投げつけていた埼玉県草加市議について、そうした言動について触れないまま、政治スタイルを好意的に紹介したのだ。

《「デジタルで読まれそうな記事を」という編集局幹部の号令のなかで企画された記事だった。》

《コラボに対する攻撃がこの年起きていたときには、現場をルポし、ミソジニー（女性蔑視）に基づく攻撃がもたらす影響などを取材していた女性記者の記事に何度も注文をつけて記事の配信・掲載を二カ月近く先送りしていた。「コラボを擁護して、『また朝日が』と言われないようにしないといけない」という意見が繰り返された。》

●朝日の「冷笑」を象徴する政治部デスクの発言

さらに、朝日時代の南氏にはこんなエピソードがあった。2年前（2022年）に安倍晋三元首相銃撃事件が起きた深夜に、

《参院選報道を仕切っていた先輩の政治部デスクが突然、ニタニタしながら近づいてきて、「うれしそうだね」と話しかけてきたのだ。》

《朝日の政治報道の中核を担っている人間が事件を笑っている。人の命を暴力的に奪う殺人と、言論による安倍政権批判との区別もつかない状況に慄然とした。「あなたのような人間は政治部デスクの資格がないから、辞めるべきだ」そう指摘した。しかし、「僕、辞めろって言われちゃったよ」と茶化して何の反省も示さなかったどころか、その後もしつこくつきまとわれた。》

読んでいてゾッとした。

《冷笑に満ち溢れた管理職が跋扈する姿は、近年の幹部のもとで進んだ人心の荒廃を象徴するものだと感じた。》

安倍政権の振る舞いを書いてきた南氏に「うれしそうだね」とニタニタ声をかけてきた上司は、時の政権や権力者を批判したり、声を上げて抗議する人びとを冷笑し、茶化していたことになる。そうした風潮は世の中全体に広がっている。

《市民社会でいろいろな声をあげている人々がそういう形で冷笑される風潮が強まるな

か、記者でもある僕がそれと向き合わなかったり、ましてや冷笑を容認してしまえば、これは記者としての役割を果たしたことにはならないでしょう。》

南氏は朝日新聞を退職し、沖縄に移住して「琉球新報」の記者になった。地元紙の記者は、記者である前にその土地の当事者であり生活者である。期せずして今回、朝日新聞の編集委員が放った言葉を思い出す。

《あ、この相談者の方はそうした境遇の方なのかもしれませんね。そうでしたら誠に失礼しました。》

冷笑にはいくつもタイプがあると思う。自分が恵まれているのを自覚して上から目線になるタイプ。声を上げても変わらないよと冷笑し、あたかも無関心が平穏無事だと思い込むタイプ。そんな振る舞いにより多数派、体制側の気分を満喫するタイプ。さらには「非効率」を嘲笑するようになるタイプ。

今回の朝日新聞の記者たちの言動はすべてに該当すると思われる。見事に当事者性が欠落している。朝日の冷笑の一端が可視化されたのは良かったと思うしかない。理不尽を憂う人を小馬鹿にする新聞記者なんていらない。

（初出：「文春オンライン」２０２４年５月28日）

おわりに

アメリカ大統領選を見にニューヨークへ行ってきた。

私は数年前から選挙現場に行くようになった。本書にも書いているが、ラッパーのダースレイダーと一緒にかけめぐりトークライブで報告している。

すると、撮影した映像が反響を呼び、2本のドキュメンタリー映画になった。『劇場版センキョナンデス』と『シン・ちむどんどん』である。前者は2021年衆院選と2022年参院選を、後者は2022年の沖縄県知事選を〝選挙漫遊〟したものだ。

当初は、注目されている選挙区や候補を生で見てみたいという野次馬的な視点だった。そうすることで選挙に無関心な人にも興味を持ってもらえればという狙いもあった。

しかし現場を見れば見るほど、誰を選ぶかによって自分たちにはね返ってくるという当たり前のことに気づいた。私たちの代わりに議論をする人を選ぶのが選挙なのだから。

こうして2024年は台湾の総統選にも行った。となれば、11月におこなわれるアメリカ大統領選にも行きたくなった。3泊4日の弾丸でニューヨーク（NY）へ行った。

NYは民主党が強い地域だ。その前提を理解した上で有権者にインタビューすると、「投票行動」が興味深かった。

NYは絶対に民主党が勝つので「イスラエルを止められないじゃないか」という批判票を入れるためにトランプ（共和党）に投票した民主党支持者に出会った。イスラエルとパレスチナ問題のことだ。

一方で、選挙後の有権者がプレッシャーをかけやすいのはトランプよりもハリス（民主党）だろうと考えて投票したという人もいた。「選挙後も有権者に耳を傾けそうなのはどちらか？」という視点である。

私たちがインタビューしたのは数十人と限られた人数であり、あくまで参考程度だったが、投票行動を聞くとおもしろかった。

帰国すると、兵庫県知事選挙の結果が話題になった。投票率は前回を15ポイント近く上回ったという。当選した斎藤元彦氏は特に若い世代に浸透し、10～20代の投票先の7割近くは斎藤氏だったという。投票率が上がり、若い人も多く駆けつける。素晴らしい展開ではないか。

ただ、少なくない人を突き動かしたものには何があったのか？

《見逃せないのは、今回の知事選で多数の偽情報が出回ったことだ。発信力の強い「インフルエンサー」らが「パワハラ疑惑はでっち上げ」など事実でない情報を拡散した。接戦となった他候補の評判を落とす偽情報も流布された。誤った情報を信じる人が増えれば、民主主義の基盤である選挙の機能が損なわれかねない。》（毎日新聞・2024年11月19日・社説）

もしネットで見た偽情報、デマが少なからず影響を与えていたら？

私はこの結果を見て考えてしまうことがあった。私とダースレイダーが提唱してきたことが、違う意味を持ってしまう恐れもあるからだ。

それは、「選挙は祭り」という提唱である。祭りだからこそ参加しない手はない、と私たちは言ってきた。

今回の兵庫県知事選の経緯を見ると「祭り」だった。間違いなく。しかも兵庫だけではない。アメリカ大統領選だってトランプ支持者に漂うのは祭り感だった。多くの人が高揚して「物語」を強固に信じていた。だから祭りになるのだ。

しかし、その「物語」を形成するものにフェイクニュースやデマが影響を与えているなら……。

私やダースさんが「選挙は祭り」と提唱したのは、主張は分かれても正々堂々とした真剣勝負には、人間のおかしみや哀しみが発露されると考えたからだ。

あと、有権者はシラケたら負けだよ、という意味もある。自分の一票では変わらないと思ったらシメシメと思う人たちがいるだろうから。だから〝よりマシな人〟を選ぶために参加しようという提案だった。

それは時事ネタもそう。政治のことを語ると特殊扱いされる日本で、もっと気軽に昨日今日起きたことをワイワイ楽しもうという提案なのである。だからこそ、今後も「選挙は祭り」という真意を伝えていかなければいけないと思った。

兵庫県知事選の投開票前日に、興味深いコラムが毎日新聞に載った。井上寿一・学習院大教授の『日米の選挙 保守対リベラル図式の変動』である。

まず米大統領選について。

《トランプ氏は、全米ネットワークのテレビや新聞を見限るかのように、多様なSNS(ネット交流サービス)をとおして、有権者のこれらの期待に応えようとした。》

エスタブリッシュメント(既存の支配層)への反発。アメリカの変動は間接的にではあれ、日本にも影響を及ぼすと予想している。

《すでに予兆が起きている。7月の東京都知事選での「石丸現象」や先の総選挙の際の国

民民主党に対するSNSを通した若い世代の支持、兵庫県知事選の選挙戦における斎藤元彦候補の猛追などである。》

選挙が祭りになりやすい要素は「既得権益」への反発なのかもしれない。この中には「既存メディア」もあるだろう。

最近では「オールドメディア」という言葉もよく流通している。そうしたエネルギーが高揚感となると、「物語」もできやすくなるのではないか。

選挙中は新聞やテレビは公職選挙法と放送法を盾にして中立、公平を自称する。その間隙をついてSNSでは自由な「言説」が飛び交う。そもそもネット情報を「真実」とする人は新聞など読まないだろうが、でもこんなときこそひるまずに報じていくしかない。

本書の「はじめに」にも書いたが、取材をして裏付けをとる訓練を伝統にしている組織「オールドメディア」は、まだまだ利用できる価値があるはずと私は信じるからだ。

この本は私にとってのメディア論であり、生意気にも厳しいことを書いた部分もあるかもしれない。しかし何度も言うが、こんな混沌とした言論状況だからこそ、新聞やテレビには意地を見せてほしいのだ。

情報の受け手である私も慎重な姿勢、半信半疑という熟考を磨いていきたいと思う。

2024年11月吉日

プチ鹿島

プチ鹿島（ぷち・かしま）
1970年、長野県出身。芸人、コラムニスト。新聞14紙を読み比べ、政治、スポーツ、文化、政治と幅広いジャンルからニュースを読み解く。新聞、雑誌などにコラムを多数寄稿。『東京ポッド許可局』（TBSラジオ）出演のほか、『ヤラセと情熱 水曜スペシャル「川口浩探検隊」の真実』（双葉社）、『芸人式 新聞の読み方』（幻冬舎文庫）などの著書がある

半信半疑のリテラシー

発行日　2024年12月25日　初版第1刷発行

著　者　プチ鹿島
発行者　秋尾弘史
発行所　株式会社 扶桑社
〒105-8070
東京都港区海岸1-2-20　汐留ビルディング
電話　03-5843-8194（編集）
　　　03-5843-8143（メールセンター）
www.fusosha.co.jp

印　刷・製　本　サンケイ総合印刷株式会社
デザイン・DTP　西野直樹デザインスタジオ

Printed in Japan　ISBN978-4-594-09881-0